Le français au quotidien

2

— Nouvelle Edition —

Isomu NUMATA

Hiroshi MATSUMURA

Takahiro YONETANI

Eddy VAN DROM

EDITIONS ASAHI

イラスト：小熊 未央

は じ め に

　これは「カジュアルにフランス語」の続きとなる教科書です。この教科書では、引き続きもっとフランス語を勉強したいと思っている学生のために、「カジュアルにフランス語」では扱えなかったフランス語基礎文法の残りの部分を取り上げています。また第二外国語の授業が週二回設定されている大学では、1 年次の秋学期用の教科書として使うことも可能です。

　「カジュアルにフランス語」ではフランス語の基礎をバランスよく身につけることを目標にしていましたが、この教科書では豊かな内容のある会話を展開し、文章も読んでいけるように、日常生活で使われる身近な表現を通してより広いフランス語の世界を知るための手引きとなることをめざしています。

　また今回の改訂版では、フランス語検定の対策も射程に置いています。このテキストの前半まででフランス語検定 4 級に必要な文法項目をほぼカバーできるようにしました。後半も習得すれば文法に関しては 3 級以上にも対応できます。

　以下に、この教科書の特徴と留意点を挙げておきます。

1）最初に見開き 2 頁でつづりと発音の対応関係を示した「つづりと発音一覧」を収めてありますので、大いに活用してください。

2）各課（7、14 課を除く）の冒頭には、その課で学ぶ文法事項を含む簡単なダイアログ（Dialogue）を配してあります。暗唱できるまで何度も CD を聞きましょう。

3）"Tableau noir（黒板）" の部分は、その課で学ぶ文法事項のまとめです。なるべく専門的な文法用語の使用は避け、予習・復習をするときに理解しやすいように例文には日本語訳を添えてあります。また、ところどころに空欄を設けてありますので、先生の説明を聞きながら埋めていってください。

4）"Exercices（練習問題）" は、その課で学んだ事項を再確認するためのものです。理解を確実なものにするために必ず自分の力でやってみましょう。

5）各課（7、14 課を除く）の最後の頁には "Le français en situation" と題する場面別の会話コーナーを設けてあります。日常生活や旅行で出会うさまざまな場面をカバーしていますので、より実践的な会話を身につけるのに大いに役立ててください。

6）前半部および後半部のまとめとして、7 課と 14 課にフランス語圏の生活に触れることのできる "Lecture（読解）" を配してあります。辞書を頼りに少し長い文章を読むことに挑戦してみましょう。

　この教科書を学び終える頃には、日常生活や海外旅行に必要なフランス語の知識は一通り身についているはずです。皆さんの中から、フランス語圏の人たちと会話を楽しみ、辞書を片手にフランスの新聞や雑誌の記事を読んでみようと思う人が一人でも多く出てくることを期待しています。

著者一同

目次　Sommaire

Prononciation —— つづりと発音一覧

CD - no.02

つづり	読み方	例
ai	エ [ɛ]	lait（ミルク）
ain, aim	アン [ɛ̃]（イーの口で）	main（手）、faim（空腹）
an, am	アン [ɑ̃]（アンとオンの中間）	anglais（英語）、lampe（ランプ）
au	オ [o]	saumon（鮭）
ay	エイ [ɛj]	paysage（景色）
c	ク [k]（a, o, u の前）または	corde（ロープ）
	ス [s]（e, i, y の前）	cinéma（映画）
ç	ス [s]	garçon（少年）
ch	シュ [ʃ]	chambre（部屋）
e	ウ [ə] または エ [ɛ/e]	semaine（週）、mercredi（水曜）
-e（語尾）	発音しない	porte（ドア）
é	エ [e]（鋭い）	étude（研究）
è	エ [ɛ]（ゆるい）	bière（ビール）
ê	エ [ɛ]（ゆるい）	fête（祝日）
eau	オ [o]	château（城）
ei	エ [ɛ]	peine（苦労）
ein, eim	アン [ɛ̃]（イーの口で）	peintre（画家）、Reims（ランス）
en, em	アン [ɑ̃]（アンとオンの中間）	enfant（子供）、tempête（嵐）
eu	ウー [œ/ø]（広い または せまい）	peur（恐怖）、Europe（ヨーロッパ）
g	グ [g]（a, o, u の前）または	aigu（鋭い）
	ジュ [ʒ]（e, i, y の前）	gorge（のど）
gn	ニュ [ɲ]	montagne（山）
gu	グ [g]	guitare（ギター）

h	発音しない	hôpital（病院）
ien	イアン [jɛ̃]（イーの口で）	italien（イタリアの）
il	イル [il] 母音字のあとは イユ [j]	silence（沈黙）、travail（仕事）
ill	イユ [(i)j] 時に イル [il]	billet（切符）、tranquille（静かな）
in, im	アン [ɛ̃]（イーの口で）	matin（朝）、impression（印象）
œu	ウー[œ/ø]（広い または せまい）	cœur（心）、nœud（結び目）
oi	ワ [wa]	toit（屋根）
oin	ワン [wɛ̃]	coin（隅）
on, om	オン [ɔ̃]	oncle（おじ）、nombre（数）
ou	ウ [u]	douche（シャワー）
oy	ワユ [waj]	voyage（旅行）
qu	ク [k]	enquête（調査）
s	ス [s]またはズ [z]（母音にはさまれた s）	saison（季節）
ss	ス [s]	message（伝言）
th	トゥ [t]	sympathique（感じのいい）
u	ユ [y]	usine（工場）
ui	ユイ [ɥi]	huile（油）
un, um	アン [œ̃]（アンとウンの中間）	lundi（月曜）、humble（謙虚な）
y	イ [i]	cygne（白鳥）

LEÇON 1

● ● ● ● ● ● ● ● ● ● ● ● ● ● ●

Dialogue　La rentrée

CD - no.04

Hiroshi	: Salut Pierre ! Je suis bien content de te revoir.
Pierre	: Moi aussi. Tu es retourné au Japon pendant les vacances ?
Hiroshi	: Oui. Je suis rentré chez mes parents. Là-bas, je n'ai rien fait du tout. J'ai beaucoup dormi et j'ai oublié le français.
Pierre	: Tu plaisantes ? Tu le parles parfaitement.
Hiroshi	: Non, pas du tout. Et toi ? Tu as passé de bonnes vacances en Bretagne ?

 tableau noir …基本動詞と複合過去の復習

CD - no.05

これからフランス語の勉強をさらに進めていく前に、基本的な動詞の活用とその過去形（複合過去）をもう一度復習し、自由に使いこなせるようにしておこう。

1) 基本動詞の復習

まず最初に英語の be に相当する **être** と、have に相当する **avoir** の現在形の活用を復習しよう。

être「…である、ある、いる」

je suis	nous (^{2}　　　)
tu (^{1}　　)	vous êtes
il est	ils sont
elle est	elles sont

avoir「持っている」

(^{3}　　　)	nous avons
tu as	vous avez
il a	ils (^{4}　　)
elle a	elles ont

次に規則動詞の活用を復習する。**-er** 形の語尾を持つ第一群規則動詞と、**-ir** 形の第二群規則動詞の活用を見直しておこう。

travailler「働く」

je travaille	nous travaillons
tu (^{5}　　)	vous travaillez
il travaille	ils (^{6}　　)
elle travaille	elles travaillent

choisir「選ぶ」

je choisis	nous (^{8}　　　)
tu choisis	vous choisissez
il (^{7}　　)	ils choisissent
elle choisit	elles choisissent

* 他の第一群・第二群規則動詞もすらすらと活用できるようになろう。

* 不規則動詞 **aller**「行く」、**venir**「来る」、**faire**「する、作る」、**prendre**「取る」などについても、いつでも使えるようにしておくこと。

2) 複合過去

次にフランス語の最も基本的な過去形である複合過去について復習しよう。形は

　　　　[**avoir** または **être** の現在形]　＋　動詞の過去分詞

であった。avoir と être の使い分け方を覚えているだろうか。

a) ほとんどの動詞では **avoir ＋ 過去分詞** の形で過去を表す。

　　marcherの複合過去「歩いた」

j'ai (⁹　　　　)	**nous avons** marché
tu as marché	**vous** (¹⁰　　　) marché
il a marché	**ils ont** marché
elle a marché	**elles ont** marché

* 基本的な動詞の過去分詞形を知っておこう。

parler（-er 形）	→	**parlé**	avoir	→	eu
finir（-ir 形）	→	(¹¹　　　)	faire	→	fait
être	→	été	prendre	→	(¹²　　　) etc.

b) 場所の移動・状態の(¹³　　　)を表す動詞は、**être ＋ 過去分詞** の形になる。

　　arriverの複合過去「到着した」

je suis arrivé(e)	**nous sommes** arrivé(e)s
tu es arrivé(e)	**vous** (¹⁵　　　) arrivé(e)(s)
il est arrivé	**ils sont** arrivés
elle est (¹⁴　　　)	**elles sont** arrivées

* être を使用する場合、過去分詞は主語に性・数が一致する。すなわち主語が**女性の時は -e**、複数の時は **-s**、女性・複数の時は **-es** がつく。

* être を使って複合過去を作る動詞は次のようなもの。カッコ内のイタリック体の部分が**過去分詞**である。

　　aller（行く・*allé*）、**venir**（来る・(¹⁶　　　)）、**devenir**（なる・*devenu*）、
　　partir（出発する・*parti*）、**sortir**（外出する・*sorti*）、
　　arriver（到着する・*arrivé*）、**entrer**（入る・*entré*）　etc.

✏ *exercices*

1. 日本語に合うように、適当な動詞を活用させて文中の (　　　) に一語ずつ入れなさい。

1) あなたは音楽は何が好きですか？
Qu'est-ce que vous (　　　) comme musique ?

2) 彼らは会社で働いています。
Ils (　　　) dans une entreprise.

3) 駅に行くのにバスに乗ろうか？
On (　　　) le bus pour aller à la gare ?

4) いいえ、私たちはアメリカ人ではありません。
Non, nous ne (　　　) pas américains.

5) アニェスは子供たちにお菓子をあげました。
Agnès (　　　) (　　　) des gâteaux aux enfants.

6) 私たちは今朝とても早く出発しました。
Nous (　　　) (　　　) très tôt ce matin.

7) マチューは歴史の勉強をしました。
Mathieu (　　　) (　　　) des études d'histoire.

8) 私はまだその本を読み終えていません。
Je n'(　　　) pas encore (　　　) le livre.

2. それぞれの質問に対して、(　　　) の中の語句を使って答えの文を作りなさい。

例　**Est-ce qu'il travaille dans un restaurant ?　(non, un bureau)**

　　— Non, il travaille dans un bureau.

1) Tu as sommeil ? (oui, un peu)

2) Est-ce que Sandrine travaille dans un café ? (non, dans un restaurant)

3) Pourquoi étudiez-vous le français ? (pour voyager en France)

4) Vous avez déjà fini vos devoirs ? (non, pas encore)

5) Comment es-tu allée au Mont-Saint-Michel ? (en bus)

6) Qu'est-ce que Yûji a fait pendant les vacances ? (rentrer à Hiroshima)

Le français en situation — **Se présenter** 自己紹介

CD - no.06

自分のことを話したり、他の人のことを尋ねるための会話を練習してみよう。

— **Bonjour. Vous vous appelez comment ?** こんにちは。お名前は何とおっしゃ
   (**Comment vous appelez-vous ?**) るのですか？
— **Je m'appelle Mayumi Tanaka.** 田中マユミといいます。
— **Vous êtes japonaise ?** あなたは日本人ですか？
— **Oui, je suis japonaise.** はい、私は日本人です。

   Tu t'appelles comment ? 君の名前は何というの？
   Quelle est votre nationalité ? あなたの国籍は何ですか？

français(e) フランス人　　anglais(e) イギリス人　　allemand(e) ドイツ人
américain(e) アメリカ人　　chinois(e) 中国人　　coréen(ne) 韓国人

— **Qu'est-ce que vous faites dans la vie ?** あなたは何をしていますか？
— **Je suis étudiant.** 私は学生です。
— **Quel âge avez-vous ?** 年はいくつですか？
— **J'ai dix-neuf ans.** 19 歳です。
— **D'où venez-vous ?** 出身はどこですか？
— **Je viens de Yokohama, au Japon.** 日本の横浜から来ました。

   Qu'est-ce que vous faites comme travail ? 仕事は何をしていますか？
   Je travaille dans un bureau. 会社で働いています。
   Qu'est-ce que tu fais comme études ? 研究は何をしているの？
   Je fais de l'économie (de la physique). 経済学（物理学）を研究しています。
   J'ai vingt (vingt et un / vingt-deux) ans. 私は 20 (21 / 22) 歳です。

un(e) professeur 教師　　un(e) employé(e) de bureau 会社員　　un médecin 医者
un restaurant レストラン　　un hôtel ホテル　　　un hôpital 病院
une école 学校　　une banque 銀行
le droit 法律（学）　　l'administration 経営（学）　　la littérature 文学
la technologie 工学　　la médecine 医学　　la sociologie 社会学

LEÇON 2

Dialogue   Le décalage horaire

CD - no.07

Pierre	: Salut, Laurent. Ça va mieux, ton décalage horaire, après ton voyage au Japon ?
Laurent	: Je me réveille encore vers deux ou trois heures du matin. Mais hier, je me suis couché tôt et je me sens en forme.
Pierre	: Tu dois bien te reposer cette nuit. Demain, il y a le test de statistiques à la première heure.
Laurent	: C'est vrai ! Il faut se lever tôt demain.

tableau noir … 代名動詞

CD - no.08

1) いろいろな代名動詞

代名動詞とは、動詞の原形に「**自分自身を、に**」(oneself) という意味を表す**再帰代名詞 se** のついた**動詞**のこと。いくつか例をあげてみよう。

se (¹)	起きる	<自分を起こす	
se reposer	休む	<自分を休める	
(²)	興味を持つ	<自分に興味を持たせる	
se rencontrer	出会う	<お互いに会う	
se dépêcher	急ぐ		

2) 現在形の活用

代名動詞の難しいところは、**se** が主語によって形を変えていく点である。
例えば se reposer「休む」の活用は次のようになる。

se reposer「休む」の活用

je (³) repose	**nous** (⁵) reposons
tu te reposes	**vous vous** reposez
il (⁴) repose	**ils se** reposent
elle se repose	**elles se** reposent

覚え方のコツは **je me...** などの部分をセットにして覚えてしまうことである。
その部分を覚えてから、あとに動詞の活用形を続けるだけでいい。

母音字や無音の **h** で始まる**代名動詞**はとくに注意が必要だ。me, te, se がエリジョンして
m′, t′, s′ になる。動詞 **s'intéresser** で練習してみよう。

s'intéresser「興味を持つ」の活用

je (⁶)	**nous nous** intéressons
tu t′intéresses	**vous** (⁷) intéressez
il s′intéresse	**ils** (⁸)
elle s′intéresse	**elles s′**intéressent

＊ **s'intéresser à...** で英語の be interested in に相当する表現になる。
　 Je m'intéresse au cinéma.　（私は映画に興味があります。）

これらの動詞の場合、**nous** と **vous** のところは二つ目の nous, vous の s がリエゾンして **[z]**
と発音される。

3)　代名動詞の複合過去形

代名動詞の複合過去形は、**助動詞**に **être** を使い、次のように活用する。

se promenerの複合過去「散歩した」

je me suis promené(e)	**nous nous sommes** promené(e)s
tu t′es promené(e)	**vous vous** (¹⁰) promené(e)(s)
il (⁹) promené	**ils se sont** promenés
elle s′est promenée	**elles se sont** (¹¹)

太字の部分は全ての**代名動詞**に共通なので、まずそこをすらすらと言えるまで覚えてしまおう。
その上で過去分詞をつけるといい。
他の être を用いる複合過去と同じく、**過去分詞は主語に** (¹²   ) **が一致する**。すなわち**女性**
は **-e**、**複数**は **-s**、**女性・複数**は **-es** をつける。

＊ より正確には、これは再帰代名詞 se が動詞の**直接目的語**にあたる場合に限られる。
　 例えば次のような文では過去分詞は主語に一致しない。
　　 cf. Ils se sont parlé au téléphone.　（彼らは電話で話し合いました。）

exercices

1. 日本語に合うように、次の (　　　) に適当な語句を入れなさい。

1) 私は毎朝公園を散歩します。　　　　　Je (　　　) promène tous les matins dans le parc.

2) アンヌ＝マリーは 11 時頃に寝て 7 時に起きます。　Anne-Marie se couche vers onze heures et se (　　　) à sept heures.

3) 学生たちは時事問題にとても興味があります。　Les étudiants (　　　) beaucoup aux actualités.

4) 私の名前は山本タクヤです。　　　　Je (　　　) Takuya Yamamoto.

5) あなたはなぜ急いでいるのですか？　Pourquoi vous (　　　) dépêchez ?

6) 私たちはロンドンで出会いました。　Nous nous (　　　) rencontrés à Londres.

7) セシルは少しカフェで休みました。　Cécile (　　　) reposée un peu dans un café.

8) 君は通りを間違えたんだよ。　　　　Tu (　　　) trompé de rue.

2. それぞれの質問に対して、例にならって oui または non で答えなさい。

例　**Tu t'intéresses à la lecture ?** **(non)**
　　— Non, je ne m'intéresse pas à la lecture.

1) Tu te couches avant minuit ce soir ? (non)

2) Est-ce que Mathilde s'intéresse à la peinture ? (oui)

3) Vous vous rencontrez le mardi matin ? (non)

4) Est-ce qu'elles se sont reposées pendant le week-end ? (oui)

5) Paul s'est promené hier dans le jardin des Tuileries ? (non)

6) Les étudiants se sont-ils bien amusés aux Studios Universal Japon ? (oui)

Le français en situation — **L'aéroport** 空港

CD - no.09

フランス語圏の入口であり出口でもある空港。搭乗手続きと入国審査の会話を練習してみ
よう。

— **Bonjour. Votre passeport et votre**　こんにちは。パスポートと飛行機の
　billet d'avion, s'il vous plaît.　チケットを見せてください。
— **Oui, voilà.**　どうぞ。
— **Vous avez des bagages à enregistrer ?**　預ける荷物はありますか？
— **Oui, j'ai une valise.**　ええ、スーツケースがひとつあります。
— **Voilà votre carte d'embarquement.**　こちらが搭乗券です。
　Bon voyage !　ではいい旅を！

Où est le comptoir d'Air France ?　エールフランスのカウンターはどこですか？
Je voudrais une place côté fenêtre (couloir).　窓（通路）側の席をお願いします。
Est-ce que je peux emporter ça dans l'avion ?　これは機内に持ち込めますか？

le terminal　ターミナル　　le départ　出発　　l'arrivée　到着
l'enregistrement　チェックイン　　un bagage à main　手荷物
le bureau de change　両替所

— **Votre passeport et votre carte de**　パスポートと入国カードを
　débarquement, s'il vous plaît.　お願いします。
— **Voilà.**　どうぞ。
— **Vous êtes en vacances ?**　バカンスですか？
— **Oui. Je reste une semaine.**　はい。一週間滞在します。

Quel est le but de votre voyage ?　旅行の目的は何ですか？
C'est un voyage touristique.　観光旅行です。
Vous restez combien de temps en France ?　フランスにはどれだけの間滞在しますか？

un voyage d'affaires　ビジネス旅行　　un voyage d'études　留学
cinq jours　5日間　　trois mois　3ヵ月　　un an　1年

LEÇON 3

Dialogue　À l'hôtel

CD - no.10

Emi : Bonjour Monsieur. Qu'est-ce que vous me conseillez de visiter ?

Le réceptionniste : J'ai des brochures. Celle-ci, par exemple. Vous avez déjà visité le musée Picasso ? Il est tout près.

Emi : Très bien. Je vais y aller aujourd'hui. Et pour dîner, est-ce que vous connaissez de bons restaurants ?

Le réceptionniste : Il y en a plusieurs par ici. Si vous voulez, j'ai ce plan avec les meilleures tables du quartier.

tableau noir …中性代名詞と指示代名詞

CD - no.11

1) 中性代名詞

フランス語の代名詞はほとんどの場合、男性と女性、単数と複数に区別されるが、一部は性や数に左右されないものもある。これを**中性代名詞**といい、**en, y, le** の三つがある。

a) en

　　次の二つの用法がある。

　　1. 不定冠詞 des、(¹　　　　)冠詞に導かれる語を受け、「それを」の意味を表す。

　　　　Vous voulez du vin ?　— Oui, j'*en* veux bien.
　　　　（ワインはいかがですか？　— ええ、いただきたいです。）
　　　　Tu as des amis ?　　　— Oui, j'*en* ai (²　　　　　　).
　　　　（君には友だちはいるの？　— うん、たくさんいるよ。）

　　2. 前置詞 de に導かれる語句を受ける。

　　　　Voilà sa voiture. On (³　　　) a parlé.　(<parler *de* ...)
　　　　（あれが彼の自動車です。もうお話ししましたね。）

b) y

    1. 場所を表す語句を受け、「(⁴   )、そこへ」の意味になる。

      Tu es déjà allé au Quartier latin ? Elle *y* habite.

      （君はもうカルチエ・ラタンに行ったかい？　彼女はそこに住んでるんだ。）

    2. 前置詞 (⁵   ) に導かれる語句を受ける。

      Je ne peux pas oublier la scène. J'*y* pense souvent.　(<penser *à* ...)

      （私はその光景を忘れることができません。よくそのことを考えます。）

c) le

    1. 男性単数の直接目的語の le とは異なり、前に出てきた**事実や内容**などをさす。

      Catherine est venue chez nous hier soir.　— Oui, oui, je (⁶   ) sais.

      （カトリーヌが昨晩家に来たんだ。―うん、知ってるよ。）

    2. être や devenir に続く形容詞や名詞を受けることもある。

      * この場合、それらの形容詞や名詞の性や数にかかわらず、形は le のままで変わらない。

      Elles sont américaines ?　　— Oui, elles (⁷   ) sont.

      （彼女らはアメリカ人ですか？　　―ええ、彼女らはアメリカ人です。）

2) 指示代名詞

何かを指し示して「これ、それ」などの意味を表す代名詞を**指示代名詞**という。指すものに応じて性・数の変化をするものとしないものがある。

a) 性・数の変化をするもの

    名詞の反復を避けるために用いられ、指すものの性・数に応じて次のように形が変わる。

    男性単数…**celui**　　女性単数…**celle**　　男性複数…(⁸   )　　女性複数…**celles**

    Ma bicyclette est bleue et (⁹   ) de Marie est blanche.

    （私の自転車は青で、マリーのは白です。）

b) 性・数の変化をしないもの

    ce, ceci, cela, ça の4つがある。ceci は「これ」、cela は「それ」の意味であり、並べて使われることも多い。ça は話し言葉でよく使われる。

    Ceci est moins cher que (¹⁰   ).　（これの方がそれよりも安いです。）

    Ça s'est bien passé, la fête d'hier ?　（昨日のパーティーはうまくいった？）

🖊 *exercices*

1. 日本語に合うように、(   ) に中性代名詞 en, y, le のどれかを入れなさい。

1) リュシーには弟が一人いて、私には二人
います。

Lucie a un petit frère et moi j'(   )
ai deux.

2) 明日は試験だって。知ってた？

Il y a un examen demain ! Tu (   )
sais ?

3) 私たちはバルセロナ行きの午前の飛行機に
乗り、13 時に到着しました。

On a pris l'avion pour Barcelone ce
matin et on (   ) est arrivés à 13h.

4) 彼女から手紙をもらったので、返事を
書かなくてはいけません。

Elle m'a envoyé une lettre. Je dois
(   ) répondre.

5) もしよかったら飲み物がありますが、
ほしいですか？

Si vous voulez, j'ai des boissons.
Vous (   ) avez envie ?

6) 彼らはすごく疲れていますが、私は全然
そうではありません。

Ils sont très fatigués mais je ne (   )
suis pas du tout.

2. 文脈に合うように、(   ) に適当な指示代名詞を入れなさい。

1) Cette porte est fermée. Entrez par (   ) de derrière.
(こちらの扉は閉まっています。反対側の扉から入ってください。)

2) J'ai acheté des souvenirs. (   ) est pour Victor et cela pour Anna.
(お土産を買いました。これはヴィクトール、それはアンナにあげるものです。)

3) Tu trouves ces livres trop difficiles ? Alors, lis (   )-ci. Ils sont plus faciles.
(それらの本が難しすぎるって？　ではこちらのを読みなさい。より簡単だから。)

4) Mon téléphone portable coûte plus cher que (   ) de Michel.
(私の携帯電話はミシェルのものよりも値段が高いです。)

5) (   ) marche bien, tes études à l'université ?
(君の大学での勉強はうまくいっているの？)

6) Si vous n'aimez pas ces chaussures, essayez (   )-là.
(もしこの靴が気に入らないのなら、そちらのを履いてみてください。)

Le français en situation — L'hôtel ホテル

CD - no.12

旅先でホテルの部屋を直接交渉したり、電話で予約したりできるようになろう。

— **Vous avez une chambre pour une nuit ?** 一泊できる部屋はありますか？

— **Oui. Une chambre avec douche ?** はい。シャワー付きの部屋ですか？

— **Oui. C'est combien ?** ええ。それはいくらですか？

— **C'est 75 euros.** 75 ユーロです。

— **D'accord, je la prends.** わかりました。その部屋にします。

Vous avez une chambre à deux lits ? ツインの部屋はありますか？
Je voudrais une chambre moins chère. もっと安い部屋がいいのですが。
Je peux aussi prendre le petit déjeuner ? 朝食もお願いできますか？

avec salle de bains 浴室付き　　　sans douche シャワーなしの
un grand lit ダブルベッド　　　le premier (deuxième) étage　2 (3) 階
l'escalier 階段　　　l'ascenseur エレベーター　　　la clef 鍵

— **Allô ? Je voudrais réserver une chambre** もしもし。二人用の部屋を予約
　pour deux personnes. したいのですが。

— **Oui. C'est pour quand ?** わかりました。いつですか？

— **Samedi prochain, s'il vous plaît.** 次の土曜日でお願いします。

— **Il y a une chambre à 140 euros.** 140 ユーロの部屋がありますが、
　Vous la prenez ? お取りしますか？

J'aimerais avoir une jolie vue. 眺めのいい部屋がいいのですが。
À quelle heure arrivez-vous ? 何時にいらっしゃいますか？
Je voudrais changer (annuler) ma réservation. 予約を変更（キャンセル）したいのですが。

Pour quelles dates ?　日付はいつですか？　du … au …　…日から…日まで
Pour combien de nuits ?　何泊ですか？　la note　勘定書

LEÇON 4

●●●●○○○○○○○○○○

Dialogue   Le concert

CD - no.13

Jacqueline : Tu vas aller au concert de samedi soir ?

Hiroshi   : Bien sûr ! J'adore ce groupe de rock. On ira ensemble ?

Jacqueline : Oui, j'aimerais bien. Mais est-ce qu'il y aura encore des billets ?

Hiroshi   : Je crois. On va aller en acheter après les cours.

　　　　　　 Je t'attendrai à la sortie de l'université.

tableau noir …単純未来

CD - no.14

1) 未来の表し方

　フランス語で「未来」を表すのには、次の二つの形がある。

a) **aller + 原形** を使った未来形（= (¹　　　　　)未来）

　英語の be going to に相当する。現在につながった未来を表現する。

　　Je *vais aller* au cinéma ce soir.

　　（今晩映画に行くつもりです。）

　　Il (²　　　　　) *faire* beau cet après-midi.

　　（今日の午後は晴れるでしょう。）

b) 動詞自体を活用させる未来形（= 単純未来）

　英語の will を使った未来形に近い。客観的に未来の事柄を述べる。

　　Paul *viendra* demain.

　　（ポールは明日やって来るでしょう。）

　　Nous *visiterons* Rome l'année prochaine.

　　（私たちは来年ローマを見物します。）

20

2) 単純未来の活用

単純未来の活用語尾はあらゆる動詞に共通である。**chanter**「歌う」の活用を見る。

chanter の単純未来「歌うだろう」

je chante**rai**	nous (^{5})
tu chante**ras**	vous chante**rez**
il (^{3})	ils chante**ront**
elle (^{4})	elles chante**ront**

もともと原形が**-r (-er, -ir)** で終わる動詞、または **-re** で終わる動詞の大部分は、語尾の **r** から あとを上の通り活用させるといい。ただし発音には注意しよう。

一部の動詞で**不規則な語幹**を持つものがある。次のようなものは覚えておくこと。

être	⇒	**je** (^{6})	**nous serons**
avoir	⇒	**j'aurai**	**nous aurons**
aller	⇒	**j'irai**	**nous** (^{7})
venir	⇒	**je viendrai**	**nous viendrons**
faire	⇒	**je** (^{8})	**nous ferons**

3) 前未来

[**avoir** または **être** の (^{9}) 形] ＋ 動詞の過去分詞

の形で、**未来のある時点までに完了している**ことがらを表す。これを「**前未来**」といい、英語の 未来完了に相当する。avoir と être の使い分けは複合過去のときと同じ。

　　＊ être を使うときには過去分詞の**性・数の一致**に注意しよう。

Je te passerai le livre quand je l'*aurai fini.*

　　（僕がこの本を読み終わったら君に貸してあげるよ。）

Demain, à dix heures, nous (^{10}) *partis* d'ici.

　　（明日の 10 時には私たちはもうここから出発しているでしょう。）

1. ［　　］の中の動詞を単純未来形または前未来形に活用させなさい。

1) アレクシは明日まで横浜にいます。　　Alexis [**rester**] à Yokohama jusqu'à demain.

2) 君はいつ仕事を終えるの？　　Quand est-ce que tu [**finir**] ton travail ?

3) 次の駅で降りてください。　　Vous [**descendre**] à la prochaine station.

4) エレーヌはあさって私に会いに来ます。　　Hélène [**venir**] me voir après-demain.

5) 私は昼までには大学に着いています。　　Je [**être**] à la faculté avant midi.

6) 彼女は来年カナダに行きます。　　Elle [**aller**] au Canada l'année prochaine.

7) 彼は 7 時半には朝食を食べ終えているでしょう。　　À sept heures et demie, il [**prendre**] son petit déjeuner.

8) あなたがパーティに来る頃には、私はもうそこにはいないでしょう。　　Quand vous arriverez à la fête, j'en [**partir**] déjà.

2. 文の意味が通るように下から適当な動詞を選び、それを単純未来形に活用させて入れなさい。

例　**Je** (*prendrai*) **mon petit déjeuner à 7h.**

1) Le directeur (　　　　) présent à la réunion de ce soir.

2) Dans quel pays est-ce qu'elle (　　　　) son stage de français ?

3) Après le restaurant, ils (　　　　) au cinéma.

4) Quand j'aurai de l'argent, je (　　　　) dans le monde entier.

5) Tous mes amis (　　　　) chez moi vendredi prochain.

6) Tu m'(　　　　) quand tu seras arrivé à Nice ?

[**aller** / **écrire** / **être** / **faire** / **prendre** / **venir** / **voyager**]

Le français en situation — Demander le chemin 道を尋ねる

CD - no.15

道を尋ねたり、他の人に行き方を説明したりするための言い方を知っておこう。

— **Excusez-moi. Où est la station de métro Odéon, s'il vous plaît ?**　　すみません。地下鉄のオデオン駅はどこですか？

— **Vous allez tout droit et vous prenez la première rue à gauche. Elle est à cinquante mètres de là.**　　まっすぐ行って、一筋目を左に曲がってください。そこから50メートル行ったところにあります。

— **Merci, Madame.**　　どうもありがとうございます。

Comment peut-on aller à … ?　　…にはどう行ったらいいのですか？
Tournez à droite (gauche).　　右（左）に曲がりなさい。
Traversez la rue (le pont).　　通り（橋）を渡りなさい。
Il (Elle) est à votre droite (gauche).　　それは右（左）側にあります。

à côté de …　…の隣に　　　　en face de …　…の向かいに
entre A et B　A と B の間に　　au fond　突き当たりに
près de …　…の近くに　　　　loin de …　…から遠くに

la gare 駅　　　　la station de métro 地下鉄の駅　　　l'arrêt de bus バス停
la poste (= le bureau de poste) 郵便局　　la banque 銀行
l'hôtel de ville (=la mairie) 市役所　　le parc 公園
le boulevard 大通り　　l'avenue （まっすぐな並木道の）大通り　　la place 広場
le carrefour 交差点　　le feu 信号

☞　身近な地図を使って、道を尋ねたり教えたりする練習をしてみよう。

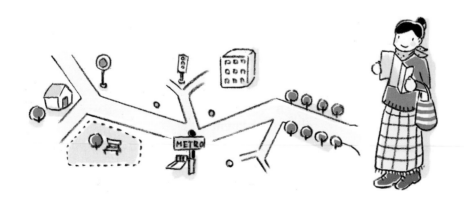

LEÇON 5

●●●●●●○○○○○○○○○○

Dialogue   Les sports

CD - no.16

Pierre : Tu faisais du sport quand tu étais petit ?

Hiroshi : À l'école primaire, j'étais membre d'une équipe de baseball.
Je faisais aussi de la natation.

Pierre : Ah bon. Et tu n'as jamais pratiqué les arts martiaux japonais,
comme le judo ou le karaté ?

Hiroshi : Un peu de judo, au collège. Mais j'avais arrêté d'en faire avant
de commencer le lycée.

 tableau noir …半過去

CD - no.17

1) 半過去の意味と用法

「～した」と、過去に完結した行為を表す複合過去に対し、「～だった」と過去のある時点における状態を表現したり、「(¹   )」と過去の進行中の動作を表すのには半過去という過去形が使われる。次の二つの文で比較してみよう。

Hier, j'*ai regardé* la télé jusqu'à neuf heures.
（昨日は 9 時までテレビを見ました。）……複合過去
Nous *regardions* la télé quand elle est revenue.
（彼女が戻ってきたとき、私たちはテレビを見ていました。）……半過去

半過去の活用語尾は全ての動詞に共通で、次のようになる。

regarderの半過去「見ていた」

je regard**ais**	nous (⁴)
tu regard**ais**	vous regard**iez**
il (²)	ils regard**aient**
elle (³)	elles regard**aient**

文章の中では、**-ait**、**-aient** などの語尾によって容易に見分けることができる。

24

半過去の語幹は、**現在形の nous の語幹**と同じ。-er 形以外の主な動詞で、半過去形を覚えておきたいのは次のようなものである。発音にも注意しよう。

finir	⇒ je finissais	nous (⁵	)
avoir	⇒ j'avais	nous avions	
faire	⇒ je (⁶	) nous faisions	
prendre	⇒ je prenais	nous prenions	
venir	⇒ je venais	nous venions	

ただし **être の半過去形**のみは特別な語幹を持つ。これは重要で、たびたび出てくるのでよく練習しておこう。

être の半過去「〜だった」

(⁷　　　)	nous étions
tu étais	vous (⁸　　)
il était	ils étaient
elle était	elles étaient

À cette époque, il (⁹　　　) dans une entreprise.
（その頃、彼は会社で働いていました。）
Pendant l'été, on *était* dans le Midi.
（夏の間、私たちは南仏にいました。）

2) 大過去

[avoir または être の半過去形]　＋　動詞の過去分詞

の形を持つものを**大過去**といい、英語の過去完了に相当する。ある基準となる過去よりもさらに**過去**のことを説明するのに用いられる。avoir と être の使い分けは複合過去のときと同じ。

Avant cela, elle (¹⁰　　　) *venue* plusieurs fois dans ce village.
（それ以前にも、彼女は何度かこの村に来ていました。）
J'*avais* déjà *renoncé* au journalisme quand j'habitais à Paris.
（パリに住んでいた頃、私はすでに記者になるのを断念していた。）

 *exercices*

1. [   ] の中の動詞を、日本語に合うように半過去形または大過去形に活用させなさい。

1) 彼女は若いときピアノを弾いていました。　Elle [**jouer**] du piano quand elle était jeune.

2) 彼らはあなたに会えてとても喜んでいました。　Ils [**être**] très contents de vous voir.

3) あなたはパリで友だちはたくさんいましたか？　Vous [**avoir**] beaucoup d'amis à Paris ?

4) 君は電話で誰と話していたの？　Tu [**parler**] avec qui au téléphone ?

5) かつて私は市場で買い物をしていました。　Autrefois, je [**faire**] mes courses au marché.

6) ドミニクはよく妹と出かけていました。　Dominique [**sortir**] souvent avec sa sœur.

7) 私たちは 6 月の初めには福岡から戻っていました。　Début juin, nous [**revenir**] de Fukuoka.

8) 彼らが着いたときには、私はすでに宿題を終えていました。　Quand ils sont arrivés, j'[**finir**] mes devoirs.

2. [   ] の中の動詞を、文脈に合うように複合過去形または半過去形に活用させなさい。

例　**J'[écouter] la radio quand Paul est arrivé.**　→　*écoutais*

1) Hier, Sayaka [**travailler**] toute la journée.

2) Ce matin, je [**aller**] chez le dentiste.

3) Quand j'étais lycéen, je [**regarder**] souvent les dessins animés à la télé.

4) Samedi, nous [**rentrer**] à Kyoto après le feu d'artifice.

5) J'étais sous la douche quand quelqu'un [**sonner**] à la porte.

6) Moi, je [**faire**] la vaisselle et, lui, il passait l'aspirateur.

Le français en situation — **L'hôpital et la pharmacie** 病院と薬局

CD - no.18

病院で自分の病気について説明したり、薬局で薬を買ったりするための会話を練習しよう。

— **Alors, Madame, où avez-vous mal ?**	どこが痛みますか？
— **J'ai très mal au ventre. J'ai aussi des nausées.**	お腹がとても痛いんです。それに吐き気もします。
— **Je vois. Mais vous n'avez pas de fièvre. Qu'est-ce que vous avez mangé hier ?**	なるほど。でも熱はありませんね。昨日何を食べましたか？

J'ai mal à la tête (à la gorge).	頭（のど）が痛いです。
J'ai de la fièvre.	熱があります。
Je me sens mal.	気分が悪いです。
Appelez-moi un médecin, s'il vous plaît.	お医者さんを呼んでください。

l'estomac 胃	le cœur 心臓	le dos 背中
les dents 歯	le rhume 風邪	la grippe インフルエンザ
la diarrhée 下痢	la toux / tousser せき（が出る）	

(À la pharmacie)　　　　　　　　　　　　　　（薬局にて）

— **Vous avez des médicaments pour la toux ?**	せき止めの薬はありますか？
— **Oui, Monsieur. Nous avons ces cachets. Ils sont très efficaces. Prenez-les trois fois par jour, après les repas.**	ええ、この錠剤がとてもよく効きますよ。一日三回、食後に飲んでください。

Je voudrais des médicaments pour (contre) …	…の薬がほしいのですが。
Comment ça se prend ?	これはどのように飲むのですか？

LEÇON 6

Dialogue   Au bord de la Loire

CD - no.19

Emi : Ah, que ce château de Chambord est magnifique !

Le guide : Naturellement. Inscrit au Patrimoine mondial de l'UNESCO en 1981, il est le plus vaste des châteaux de la Loire.

Emi : En arrivant, je suis passée devant un énorme escalier tournant.

Le guide : C'est le célèbre escalier à double révolution dessiné par Léonard de Vinci. Il a été construit au XVIᵉ siècle.

tableau noir … 現在分詞と過去分詞

CD - no.20

現在分詞は英語の -ing 形、過去分詞は -ed 形に相当し、それぞれ名詞や文全体を修飾する。ここで分詞の用法をまとめておこう。

1) 現在分詞

英語の -ing 形に相当し、語尾は **-ant** である。フランス語には進行形がないので、英語に比べるとなじみが薄いが、文章ではよく使われる。主な動詞の現在分詞の形をあげる。

parler	→	**parlant**	avoir	→	ayant
finir	→	(¹)	faire	→	faisant
être	→	étant	prendre	→	(²)

次に用法を順に見ていこう。

a) 名詞にかかる

形容詞と同じような働きをするが、現在分詞はふつう修飾する名詞に対して**性・数の一致を**しない、つまり女性の-eや複数の-sがつかない。

un chien *courant* dans le jardin　（庭を走っている犬）
une fille (³   ) bien français　（フランス語を上手に話す少女）

28

b) **文全体にかかる**　いわゆる分詞構文で、**時や理由**などの意味を表す。

(⁴　　　　) dans la rue, elle a trouvé un restaurant sympathique.

（通りを歩いていて、彼女は感じのいいレストランを見つけました。）

c) ジェロンディフ（**en ~ ant**）

en ~ ant の形で「〜しながら」「〜することによって」などの意味を表す。

Nous avons parlé longtemps *en buvant* du café.

（私たちはコーヒーを飲み (⁵　　　　) 長い間おしゃべりをしました。）

Il a appris beaucoup de choses *en lisant* des journaux.

（彼は新聞を読むことによってたくさんのことを学びました。）

2) **過去分詞**

形はすでに複合過去で学んだ。これも名詞にかかる用法と分詞構文の用法がある。現在分詞と違うのは、**必ず修飾する名詞に性・数の一致をする**という点である。

a) **名詞にかかる**　修飾する名詞との性・数の一致に注意する。

une lettre (⁶　　　) par sa sœur　　彼の妹によって書かれた手紙

英語の -ed 形と同じように、意味は**受け身**（「〜された」）になる。ただしもともと「〜させる」という意味を持つ動詞は「〜した」となる。

les personnages *habillés* en noir　　黒い服を着た人物たち

b) **文全体にかかる**

過去分詞を使った分詞構文。過去分詞は文の (⁷　　　) に性・数が一致する。

Étonnée de la nouvelle, elle ne pouvait pas parler.

（その知らせに驚いて、彼女は口もきけなかった。）

c) **受動態**

英語と同じように、**être + 過去分詞** の形で「受け身」の意味を表す。

動作主は前置詞 (⁸　　　) により示される（時に de を使うこともある）。過去分詞は主語に性・数が一致する。

Ces chansons *seront* (⁹　　　) *par* des chanteurs étrangers.

（これらの歌は外国人歌手によって歌われます。）

Le fait *est connu de* tout le monde.（その事実は誰でも知っています。）

 *exercices*

1. 日本語に合うように、[   ] の中の動詞を現在分詞形または過去分詞形に活用させなさい。

1) 彼女はサッカーをしている男の子たちを
見ていました。
Elle regardait les garçons [**jouer**] au football.

2) この雑誌に選ばれたディスクはどれも
すばらしいものです。
Les disques [**choisir**] par ce magazine sont tous excellents.

3) これらはローマで撮られた写真です。
Ce sont des photos [**prendre**] à Rome.

4) 右に曲がるとそのレストランがあります。
En [**tourner**] à droite, vous trouverez le restaurant.

5) その知らせに驚いて、彼女はすぐ私に
電話をかけてきました。
[**Étonner**] de la nouvelle, elle m'a téléphoné tout de suite.

6) それらの自転車は公園に並べられました。
Ces bicyclettes ont été [**ranger**] dans le parc.

7) このチケットを買えば、町の全ての美術館
を見ることができますよ。
En [**acheter**] ce billet, vous pouvez visiter tous les musées de la ville.

8) デザートはクラスの女の子たちが作ること
になっています。
Les desserts seront [**faire**] par les filles de la classe.

2. 文の意味が通るように下から適当な動詞を選び、それを現在分詞形または過去分詞形に活用させて入れなさい。

例　**Je lis un roman** (*écrit*) **par un chanteur.**

1) Nous dînons toujours en (　　　　　) le journal télévisé de 20h.

2) Ce sont des studios (　　　　) uniquement aux étudiants.

3) (　　　　) un an à Lyon, elle a perfectionné son français.

4) Je connais un bon médecin (　　　　) l'anglais.

5) L'addition du restaurant a été (　　　　) par le professeur.

6) (　　　　) pendant les soldes, ces lunettes de soleil ne coûtaient pas cher.

[**acheter / écrire / habiter / louer / parler / payer / regarder**]

30

Le français en situation — La gare 駅

CD - no.21

駅で切符を買ったり、自分が乗る電車のホームを尋ねたりする会話を練習してみよう。

— **Bonjour. Un billet de TGV pour Tours, s'il vous plaît.** トゥールまでの TGV の切符を一枚ください。

— **Un aller simple ou un aller retour ?** 片道ですか、往復ですか？

— **Un aller simple, s'il vous plaît.** 片道をお願いします。

— **C'est 37,80 euros. Il y a un train à 10h45.** 37 ユーロ 80 になります。 10 時 45 分の列車がありますよ。

Je voudrais un billet pour … …行きの切符がほしいのですが。
Le train pour … part à quelle heure ? …行きの列車は何時に出るのですか？
Je voudrais avoir l'horaire des trains. 時刻表をいただきたいのですが。

le guichet 窓口　　　　　　l'horaire 時刻表　　　la place non-fumeur 禁煙席
composter （切符に）刻印する　　　　　le kiosque 売店

— **Pardon, Monsieur. D'où part le prochain train pour Tours ?** すみません。トゥール行きの次の列車はどこから出発しますか？

— **C'est le quai 5, là-bas.** あそこの 5 番ホームからですよ。

— **Ah, d'accord. Merci, Monsieur.** わかりました。ありがとう。

Est-ce que ce train s'arrête à … ? この列車は…にとまりますか？
On arrive à … à quelle heure ? …には何時に着きますか？

（地下鉄・le métro - RER）
Prenez la ligne 3, direction Gallieni. 3 番線のガリエニ行きに乗りなさい。
Descendez à la troisième station. （地下鉄で）三つ目の駅で降りなさい。

la station 駅　　　　　　le ticket 切符　　　　　　le carnet 回数券
la correspondance 乗り換え　　le plan du métro 地下鉄の路線図

LEÇON 7

● ● ● ● ● ● ● ○ ○ ○ ○ ○ ○ ○

Lecture   Le Vélib'

CD - no.22

Il fait beau et vous voudriez vous balader à vélo dans Paris ? Il existe un moyen sympa et pratique : c'est le Vélib'. Plusieurs dizaines de milliers de vélos sont en libre service, dans 1500 stations ouvertes 24 heures sur 24. Vous pouvez prendre un vélo dans une station et le déposer dans une autre.

La location se fait par abonnement ou par carte bancaire. Les trente premières minutes sont gratuites. Les demi-heures supplémentaires coûtent un euro pour la première, deux euros pour la deuxième, et quatre euros à partir de la troisième.

Paris a mis à disposition ce système de location de vélos en 2007. Depuis, il a eu des effets bénéfiques sur les habitudes des Parisiens. Aujourd'hui, ils sont de plus en plus nombreux à louer un vélo pour se déplacer en ville. Aussi beaucoup de touristes qui* visitent Paris n'hésitent pas à utiliser le Vélib'.

Les vélos sont bons pour l'environnement, ils n'émettent pas de CO_2 et font beaucoup moins de bruit que les voitures. Avec le développement récent du tramway, autre moyen de transport écologique et silencieux, la capitale française se transforme peu à peu pour offrir un cadre de vie plus agréable aux habitants et aux visiteurs.

* qui は関係代名詞。Leçon 8 参照（→ p. 34）。

tableau noir …読解練習（1）　環境に優しいレンタサイクル

環境への世界的な意識の高まりに合わせ、パリでは「ヴェリブ」という独自のレンタサイクル・システムが導入された。「ヴェリブ」とは vélo（自転車）と libre（自由な）の合成語。利用者は少しのお金を出すだけで、美しいパリの町を自転車で自由に行き来することができる。この環境に優しいレンタサイクルはパリの住人にも観光客にも好評で、今やパリの至る所でこれらの自転車を目にするようになった。

 exercices

1. 次のそれぞれの文について、本文の意味に合っているものには V (Vrai)、合っていないものには F (Faux) を、（　　）の中に書き入れなさい。

1. (　　) Le Vélib' est un système de location de motos.

2. (　　) Les stations de vélos ne sont jamais fermées.

3. (　　) Le Vélib' est un service gratuit.

4. (　　) Les Parisiens ne se déplacent jamais à vélo.

5. (　　) Le vélo est un moyen de transport respectueux de l'environnement.

2. 次の質問に対して、フランス語で答えなさい。

1. Combien d'euros coûtent deux heures de location ?

2. Quelle est la conséquence de ce service sur le mode de déplacement des Parisiens ?

3. Quels sont les avantages communs du vélo et du tramway ?

LEÇON 8

●●●●●●●●●●○○○○○○○

Dialogue   Le premier prix

CD - no.23

Pierre   : Tu te souviens de la copine de Nathan ?

Jacqueline : La blonde qui parle tout le temps ?

Pierre   : Mais non, Emma, dont je t'ai parlé la semaine dernière.

Jacqueline : Ah oui, la fille que tout le monde aimait bien. Qu'est-ce qui lui
              est arrivé ?

Pierre   : Eh bien, elle a remporté le premier prix au concours de
              japonais. Elle a gagné un séjour de trois mois au Japon !

 tableau noir …関係代名詞

CD - no.24

基本的な**関係代名詞**の用法を押さえておこう。

1) qui と que

これらの関係代名詞は**人**にも**物**にも使われる。**qui** はうしろに**動詞のみ**を伴う（qui が関係節の主語）のに対して、**que** はうしろに（¹   ）のセットが来る（que は関係節の目的語または補語）のが特徴である。（以後、主語は S、動詞は V で示す。）

J'ai un cousin (²   ) habite actuellement à Lyon.
（私には現在リヨンに住んでいるいとこがいます。）

La montre *que* vous portez est fabriquée en Suisse.
（あなたがつけている腕時計はスイス製です。）

* que はうしろに**母音字**または**無音の h** が来ると（il(s), elle(s) など）省略されて **qu'** になる。
    Elle va chanter la chanson *qu'*il aime.
    （彼女はこれから彼の好きな歌を歌います。）

2) **dont**

前置詞 (^{3}) の意味を含む関係代名詞。うしろの文章に [**de + 先行詞**] を当てはめて意味を取るとわかりやすい。

J'ai une amie *dont* la mère est actrice de cinéma.

（私には母親が映画女優の女友達がいます。）

On va voir le film (^{4}) je vous ai parlé hier ?

（私が昨日お話しした映画を見に行きましょうか。）

3) **où**

英語でいう関係副詞。フランス語では「**場所**」にも「(^{5})」にも使われる（英語の where と when の働きを兼ねる）。

C'est le village (^{6}) j'ai passé mon enfance.

（ここは私が少年時代を過ごした村です。）

Je n'oublierai jamais le jour *où* je l'ai rencontrée.

（私は彼女に出会った日を決して忘れることはないでしょう。）

4) **強調構文**

C'est ~ qui / que ... の形はフランス語の強調構文で、「…のは~です」という意味を表す。**主語を強調する**ときには **qui** が、**主語以外を強調する**ときには **que** が使われる。したがって 1) で説明したのと同じく **qui** のうしろには **V** のみが、**que** のうしろには **S + V** のセットが来ることになる。

C'est Jacques (^{7}) a cassé le vase.

（花びんを壊したのはジャックです。）

C'est à la gare *que* j'ai rencontré Nathalie.

（私がナタリーに会ったのは(^{8} ）です。）

✏ *exercices*

1. 日本語に合うように（　　　）に正しい語を入れなさい。

1) ジャンヌと同じテーブルに座っている男の子
は誰ですか？

Qui est ce garçon (　　　　) est à la
même table que Jeanne ?

2) 彼女がパリで買ったドレスはとても似合って
います。

La robe (　　　　) elle a achetée à Paris
lui va très bien.

3) 彼は棚に置いてあった雑誌を読んでいました。

Il lisait les magazines (　　　　) se
trouvaient sur l'étagère.

4) 昨日私たちが見た映画をどう思いましたか？

Comment avez-vous trouvé le film
(　　　　) nous avons vu hier ?

5) 彼は自慢の切手のコレクションを私に見せて
くれるそうです。

Il va me montrer sa collection de timbres
(　　　　) il est si fier.

6) シルヴィが働いている会社はモンパルナス駅
のすぐ近くです。

L'entreprise (　　　　) Sylvie travaille est
juste à côté de la gare Montparnasse.

7) この料理を作ったのはマノンです。

C'est Manon (　　　　) a préparé ce plat.

8) 私がそれを知ったのはついおとといのことで
す。

Ce n'est qu'avant-hier (　　　　) j'ai
appris la nouvelle.

2. 次のそれぞれの二つの文を、適当な関係代名詞または強調構文を用いて一つの文にしなさい。

例 **Il a une calculatrice. Elle ne marche pas bien.**
→ *Il a une calculatrice qui ne marche pas bien.*

1) La jeune fille parle trois langues. Elle est assise là-bas.

2) Les livres sont très intéressants. Vous m'avez donné ces livres.

3) Tu peux lui donner le document ? Il a besoin de ce document.

4) L'université a été fondée en 1925. J'étudie dans cette université.

5) Je vais voyager en Suisse. C'est en juillet.

6) C'est un phénomène étrange. On ne connaît pas sa cause.

Le français en situation — La poste et la banque 郵便局と銀行

CD - no.25

郵便局から手紙を出したり、銀行でお金を引き出したりするための表現を知っておこう。

— Bonjour. Je voudrais envoyer ces deux lettres au Japon.
こんにちは。この二通の手紙を日本に送りたいのですが。

— Ça fait 1,80 euros.
1 ユーロ 80 になります。

— Je voudrais aussi envoyer ce colis par avion.
この小包も航空便で送りたいのです。

— Alors, 14,60 euros, s'il vous plaît.
では全部で 14 ユーロ 60 です。

Deux timbres à …, s'il vous plaît.
… （値段）の切手を二枚下さい。

Avez-vous de jolis timbres ?
記念切手はありますか？

En recommandé, s'il vous plaît.
書留でお願いします。

un timbre 切手	une enveloppe 封筒	une carte postale ハガキ
par avion 航空便で	par bateau 船便で	en économique エコノミー便で
la boîte aux lettres 郵便ポスト、郵便受		le code postal 郵便番号

(À la banque)
（銀行で）

— Je voudrais changer ces chèques de voyage.
このトラベラーズチェックを換金したいのですが。

— Vous avez votre passeport ?
パスポートはありますか？

— Oui, le voilà.
はい、どうぞ。

— Vous signez ici, s'il vous plaît.
ここにサインをしてください。

Je voudrais changer ces yens en euros.
日本円をユーロに交換したいのですが。

Votre signature, s'il vous plaît.
サインをしてください。

J'ai perdu ma carte de crédit.
クレジットカードをなくしました。

la carte bancaire キャッシュカード		un distributeur de billets ATM
le compte （銀行の）口座	des billets 紙幣	des pièces 硬貨

LEÇON 9

Dialogue   À la bibliothèque universitaire

CD - no.26

M. Toubon : Comment je fais pour me connecter à Internet ?
Comme je suis encore débutant, j'ai besoin de votre aide.

L'employée : Vous allumez l'ordinateur. Quand la page s'affiche, vous cliquez
deux fois ici. Après, vous n'avez qu'à suivre les instructions sur
l'écran.

M. Toubon : Je peux vous appeler si j'ai des problèmes ?

L'employée : Bien sûr. Je vous en prie.

tableau noir …時、理由、条件を表す接続詞

CD - no.27

「…するとき」あるいは「もし…ならば」などの意味を表すとき、英語では when や if などの接続
詞を使う。フランス語でこのような内容を導く**接続詞**のいくつかを知っておこう。

1) 時を表す接続詞

「…するとき」の意味には接続詞 (¹　　　　) を使う。英語の when に相当する。

Quand je travaillais à la maison, Marie est venue me voir.
（私が家で仕事をしているときに、マリーが私に会いに来ました。）
Elle vous téléphonera *quand* elle aura* du temps.
（彼女は時間のあるときにあなたに電話するでしょう。）

　* フランス語では quand 以下の意味が未来になるときは、英語と異なり単純未来形を使う。

時を表す接続詞として、他に **aussitôt que (=dès que) ...** 「…するとすぐに」(=as soon as)、
(²　　　　) **que ...** 「…する間に」(=while)、**après que ...** 「…したあとに」(=after) などを
覚えておこう。

　(³　　　　) *que* j'ai appris la nouvelle, je lui ai écrit une lettre.
（その知らせを聞いてすぐ、私は彼女に手紙を書きました。）

2) 理由を表す接続詞

「…なので」と理由を表す接続詞の主なものに (⁴   ) (=because) と **comme** (=as)、
car (=for) などがある。

Agnès n'est pas venue à la fête *parce qu*'elle était très occupée.

（アニェスはとても忙しかったのでパーティに来ませんでした。）

(⁵   ) il fait très beau aujourd'hui, on va déjeuner dehors.

（今日はとても天気がいいので、外で昼食を取りましょう。）

parce queはまた(⁶   ) (「なぜ？」)の質問に対する**返答**で次のように使われる。

Pourquoi êtes-vous si pressé ? — *Parce que* je dois prendre le train.

（なぜそんなに急いでいるのですか？― 電車に乗らなくてはいけないからです。）

* 接続詞 comme は英語の as にほぼ相当し、「…ように」「…しようとするとき」「…なので」
「…として」などの意味を持つ。as に置きかえて考えるとわかりやすい。

* **car** は 2 つの文の間に置かれ、「…というのも」という意味になる。英語で理由を表す for に
相当する。
Il faut rentrer, *car* il est tard.   （帰らなくては。もう遅いからね。）

3) 条件を表す接続詞

「もし…ならば」という意味を表すには接続詞 **si** を使う。si はうしろが il または ils のときの
み(⁷   ), **s'ils** とエリジョンする。si のうしろは通常現在形。

S'il (⁸   ) demain, on pourra jouer au tennis ensemble.

（もし明日彼が来たら、一緒にテニスができますね。）

Si vous êtes fatiguée, vous pouvez vous reposer un peu.

（もしあなたが疲れているのなら、すこし休んでもいいですよ。）

* si には英語の if と同じく「…かどうか」の意味もある (→ p. 51)。

* 現実と異なることを仮定して「もし…ならば、…だろうに」のように言う場合は、条件法を
使って文を組み立てる。次のレッスンで学ぼう (→ pp. 42-43)。

exercices

1. 日本語に合うように、(　　　) に適当な接続詞 (一語または二語) を入れなさい。

1) 私は外出するとき、いつも本を一冊持って
いきます。

(　　　) je sors, je prends toujours un livre avec moi.

2) もし明日パーティに来るのなら、彼女に電話
しておかないといけないよ。

(　　　) tu viens à la fête demain, tu dois lui téléphoner à l'avance.

3) 雨が降っていたので、ジョギングはしません
でした。

On n'a pas fait de jogging (　　　) il pleuvait.

4) 私が本を読んでいる間、母は料理をしていま
した。

(　　　) je lisais, ma mère faisait la cuisine.

5) どうして遅刻したのですか？
― 電車が来なかったからです。

Pourquoi êtes-vous arrivé en retard ?
— (　　　) mon train a été annulé.

6) 彼は着いたらすぐ仕事を始めました。

Il a commencé à travailler (　　　) il est arrivé.

7) 彼女は絵画が好きだから、この本にはとても
興味を示すでしょう。

(　　　) elle aime la peinture, ce livre l'intéressera beaucoup.

8) 日曜日がいい天気なら、遠足に行こう。

(　　　) il fait beau dimanche, on ira en excursion.

2. 次のそれぞれの二つの文を、適当な接続詞を用いて一つの文にしなさい。

例 **Pierre m'a téléphoné. Je parlais avec ma mère.**
→ *Quand Pierre m'a téléphoné, je parlais avec ma mère.*

1) Ils ne vont pas à la soirée. Leur fils a la grippe.

2) Tu veux un cadeau. Tu dois réussir tes examens.

3) Vous êtes prête. Nous partons tout de suite.

4) Thierry n'a pas de voiture. Il va au travail en train.

5) J'étais écolier. Je voulais devenir footballeur professionnel.

6) Mon frère fera le ménage. Ma sœur fera les courses.

Le français en situation — Le marché 市場

CD - no.28

交互に客の役をしたり、店員の役をしたりして、自然に言えるように練習しよう。

— Bonjour, Madame. Vous désirez ?	こんにちは。何にしましょうか？
— Je voudrais des pêches, s'il vous plaît.	桃がほしいのですが。
— Vous en voulez combien ?	何個にしましょうか？
— Quatre, s'il vous plaît.	4 個ください。
— Voilà, Madame. Et avec ça ?	はい、どうぞ。他には？
— C'est tout, merci. Ça fait combien ?	以上です。いくらになりますか？

Qu'est-ce que vous voulez ?	何にしましょうか？
Je voudrais … / …, s'il vous plaît.	…をください。
C'est combien ?	これはいくらですか？

un kilo (200 grammes) de … …を 1 キロ (200g)　　une pièce de … …を 1 個

un paquet de … …を 1 袋、1 パック　　une boîte de … …を 1 缶

des tomates トマト　　des poireaux ポワロー（ポロねぎ）　　du jambon ハム

des saucisses ソーセージ　　un camembert カマンベールチーズ

du roquefort ロックフォール（青カビチーズ）

(Au marché aux puces)	（のみの市にて）
— Qu'est-ce que c'est ?	これは何ですか？
— C'est un bracelet marocain, en argent.	モロッコの銀のブレスレットです。
— Vous le faites à combien ?	それで、いくらですか？
— 50 euros. Mais, pour vous, je le fais à 45 euros.	50 ユーロです。でもお客さんなら 45 ユーロでいいですよ。
— C'est trop cher. Faites-moi un meilleur prix.	高すぎます。もっと安くしてください。

Je regarde seulement.	見ているだけです。
Ça coûte combien ?	これはいくらですか？
Un peu moins cher, s'il vous plaît.	もう少し安くしてください。
Vous pouvez l'écrire ?	（値段などを）書いてもらえますか？

LEÇON 10

Dialogue   Le télescope

CD - no.29

Laurent : Ah, si j'avais de l'argent, je m'achèterais le télescope que j'ai vu à la Maison de l'Astronomie. Mais, il est trop cher !

Pierre : Alors, pourquoi tu as refusé le petit boulot dont je t'ai parlé ?

Laurent : Si j'avais accepté, je n'aurais plus eu le temps d'étudier.

Pierre : Mais dans la vie, il n'y a pas que les livres ! Tu devrais sortir plus souvent. Faire du sport ne te ferait pas de mal.

tableau noir …条件法

CD - no.30

フランス語の**条件法**は、英語の仮定法に相当する。主に「もし〜なら、〜だろうに」と、**事実とは**
(¹   ) のことを**仮定**するのに使われる。

1) 条件法現在

   現在の事実について、「もし〜なら、〜だろうに」と、その反対のことを仮定して述べるには**条件法現在**という形を用いる。構文は次の通り。

$$Si + S + V [半過去], \quad S + V [条件法現在]$$

前半の「もしも」のところが**半過去形**になっているところに注意する。

   * この他に、英語の (²   ) に相当する **comme si + S + V** [半過去]（「まるで〜であるかのように」）という構文もある。

条件法現在の活用形は、全ての動詞において**語幹は単純未来と同じ**（→ p. 21）であり、**語尾は r** のあとに半過去の活用を付けた形になっている。

42

parler の条件法現在「(³   )」

je parle**rais**	nous parle**rions**
tu parle**rais**	vous (⁵)
il parle**rait**	ils parle**raient**
elle (⁴)	elles parle**raient**

語尾は全ての動詞に共通なので、je の形さえわかればあとはどんな動詞でも活用できる。主な動詞の条件法現在形をあげておこう。

chanter	→	**je chanterais**	venir	→ je viendrais
finir	→	**je (⁶)**	faire	→ je ferais
être	→	je serais	prendre	→ je prendrais
avoir	→	j'(⁷)	vouloir	→ je (⁸)
aller	→	j'irais	pouvoir	→ je pourrais

Si je n'(⁹   ) pas cours aujourd'hui, je *pourrais* aller à Kyoto.
（もし今日講義がなかったら、京都に行けるのに。）

Si elle *travaillait* dans une banque, elle (¹⁰   ) plus occupée.
（もし彼女が銀行で働いていたら、もっと忙しくしていることだろう。）

2) 条件法過去

過去の事実について「もし～していたら、～だったろうに」と、その反対のことを仮定して述べるには**条件法過去**という形を用いる。構文は次の通り。

Si + S + V [大過去],　S + V [条件法過去]

* 「**大過去**」は　　　　[avoir または être の半過去形] + 過去分詞
「**条件法過去**」は　　　[avoir または être の条件法現在形] + 過去分詞

avoir と être の使い分けについては、複合過去のときと同じ。

* 過去について「まるで～であったかのように」という意味を表現するには、
comme si + S + V [大過去] という構文を用いる。

Si vous *aviez* mieux *travaillé*, vous (¹¹   ) *réussi* votre examen.
（もしあなたがもっと勉強していたら、試験に合格したでしょうに。）

*S'*il *avait fait* beau hier, nous *serions allés* en excursion.
（もし昨日(¹²   )だったら、遠足に行っていたのに。）

 *exercices*

1. 日本語に合うように、[   ] の中の動詞を活用させなさい。

1) もし今日忙しくなければ、その会合に参加
するだろうに。

Si je n'étais pas occupé aujourd'hui, je
[**participer**] à cette réunion.

2) もし彼らがフランス語を話せれば、旅行も
もっと楽しくなるだろうに。

S'ils [**parler**] le français, leur voyage
serait beaucoup plus amusant.

3) 彼女はまるで自分が小説のヒロインである
かのように話している。

Elle parle comme si elle [**être**]
l'héroïne d'un roman.

4) この辞書がなければ、私たちはレポートを
書くことができないでしょう。

Sans ce dictionnaire, on ne [**pouvoir**]
pas rédiger notre rapport.

5) もし彼女の立場なら、私は彼にそのような
話し方はしないでしょう。

À sa place, je ne lui [**parler**] pas
comme cela.

6) あなたが昨日来ていたら、クレールはすご
く喜んだでしょうに。

Si vous étiez venu hier, Claire [**être**]
très heureuse.

7) 彼はまるでそこを何度も旅行したかのよう
にその国をよく知っていた。

Il connaissait bien le pays comme s'il y
[**voyager**] plusieurs fois.

8) もしこの事故がなければ、間に合っていた
でしょうに。

Sans cet accident, nous [**arriver**] à
temps.

2. 次の各文の意味をふまえて、条件法または comme si... を使った文に書きかえなさい。

例 **Il pleut aujourd'hui. On ne peut pas déjeuner dehors.**
→ *S'il ne pleuvait pas aujourd'hui, on pourrait déjeuner dehors.*

1) Ils sont intelligents. Ils travaillent dans cette entreprise.

2) Tu n'as pas téléphoné. Je suis fâchée.

3) Vous cuisinez très bien. Vous êtes un grand chef.

4) Je nage mal. Je ne joue pas au waterpolo.

5) Elle souriait. Elle reçoit le plus beau cadeau de sa vie.

6) Hier, tu ne m'as pas attendu. Nous ne sommes pas allés au cinéma.

Le français en situation — Le magasin de vêtements 洋服店

CD - no.31

洋服店などで、サイズを尋ねながら買い物ができるようになろう。

— Bonjour. Je peux vous aider ? 　　　　　何かお探しですか？

— Je voudrais essayer ce pantalon. 　　　このズボンを試着したいのですが。

— La cabine d'essayage est là-bas. 　　　試着室は向こうです。

— Il est trop grand. Vous avez la taille 　　これは大きすぎます。下のサイズは
　　en dessous ? 　　　　　　　　　　　　ありますか？

　　Vous faites quelle taille ? 　　　　　　あなたのサイズはいくらですか？
　　C'est un peu trop petit. 　　　　　　少し小さすぎます。
　　Vous avez la taille au-dessus ? 　　　上のサイズはありますか？
　　Est-ce que vous l'avez en bleu ? 　　これの青いのはありますか？

serré(e) / large　きつい / ゆるい 　　　　　long(ue) / court(e)　長い / 短い

une chemise　ワイシャツ 　　un chemisier　シャツブラウス 　　une jupe　スカート

un T-shirt　Tシャツ 　　　　une cravate　ネクタイ 　　　　une ceinture　ベルト

une veste　上着、ジャケット

　　(Au magasin de chaussures) 　　　　（靴屋で）

— Vous avez ces bottes de cuir en 36 ? 　この皮のブーツで 36 はありますか？

— Je suis désolé. Il n'en reste plus. 　　すみませんが、もうありません。

— Ah bon ? C'est dommage. 　　　　　そうですか。それは残念です。

— Que pensez-vous de ces bottes-ci ? 　このブーツではいかがでしょうか？

— Non merci. 　　　　　　　　　　　いえ結構です。

　　Vous faites quelle pointure ? 　　　　（靴屋で）サイズはいくつですか？
　　Je vais réfléchir. 　　　　　　　　ちょっと考えさせていただきます。
　　Pouvez-vous me faire un paquet-cadeau ?　プレゼント用包装にしていただけますか？

45

Dialogue　Le départ de l'hôtel

CD - no.32

Emi : Allô, Monsieur. Je voudrais vous demander un service.

Le réceptionniste: Certainement, Mademoiselle.

Emi : Demain, il faut que je prenne l'avion à l'aéroport Paris-Orly. Vous pouvez me réveiller à six heures ?

Le réceptionniste: C'est entendu, Mademoiselle.

Emi : Je voudrais aussi que vous m'appeliez un taxi.

Le réceptionniste: Je ne pense pas que ce soit nécessaire. Il y a toujours un taxi en attente.

tableau noir …接続法

CD - no.33

1) 接続法の用法

接続法は、つねに**接続詞** (^{1}) に続く文の動詞に用いられるのでこう呼ばれる。

条件法が事実と反対のことを述べるのに対して、接続法は「**主観的な想定や判断**」を表すと考えていいだろう。様々な文脈で用いられるが、特によく使われる次の三つは覚えておこう。

a) **vouloir** (je veux, vous voulez, etc.) **que S + V [接続法]**
（S が V してほしい、することを望む）

b) **il faut que S + V [接続法]**（S が V しなければならない）

c) (^{2}) **que S + V [接続法]**（S が V するように、するために）

　* この他にも　**avant que S + V**（S が V する前に）

　　　　　　　　bien que (=quoique) **S + V**（S が V ではあるが）

　　　　　　　　il semble que S + V（S が V するようだ）

　　　　　　　　il est important (nécessaire) **que S + V**（S が V することが重要（必要）だ）

　　　　　　　　ne pas penser (croire) **que S + V**（S が V とは思わない）

　　　　などでも接続法が用いられる。

2) 接続法現在の活用

接続法現在の活用は次の通り。活用語尾はほとんどの動詞に共通である。

donner「与える」の接続法現在

je (^{3})	nous donn**ions**
tu donn**es**	vous (^{4})
il donn**e**	ils donn**ent**
elle donn**e**	elles donn**ent**

要するに **nous** と **vous** は (^{5}) の語尾、それ以外は **-er** 動詞の現在形の語尾と考えればいい。語尾は単純だが、**語幹を一つ一つ覚える必要がある**。代表的なものを見ておこう。

chanter	→	**je chante**	avoir	→	j'aie
finir	→	**je** (^{6})	faire	→	je (^{7})
être	→	je sois	prendre	→	je prenne etc.

上にあげた中で、**être** はとくに不規則な活用をする。これは暗記すること。

être の接続法現在

je **sois**	nous (^{9})
tu so**is**	vous so**yez**
il (^{8})	ils soient
elle soit	elles soient

また、**avoir** や **aller** などの動詞もやや変則的な活用をする。

avoir	–	j'**aie**	nous ayons	
aller	–	j'**aille**	nous (^{10})	
venir	–	je **vienne**	nous **ven**ions	

Nathalie (^{11}) que je *sois* là à cinq heures.

(ナタリーは私に 5 時にそこにいてほしいと思っています。)

Il faut qu'il *prenne* le train pour aller à Kobe.

(彼は神戸に行くのに電車に乗らなくてはなりません。)

  * 接続法を使う構文で、**que** 以下が過去の内容を表すときは、**接続法過去**という形を用いる。活用形は [**avoir** または **être** の接続法現在形] + 過去分詞 である。avoir と être の使い分けは複合過去のときと同じ。

    Je ne pense pas qu'il *ait menti.* (私は彼がうそをついたとは思いません。)

    C'est dommage qu'elle *soit partie* sans te voir.

    (彼女が君に会わずに出発してしまったとは残念です。)

 *exercices*

1. 次の例文で、[　　] の中の動詞を接続法現在に活用させなさい。

1) 11 時までに駅に着かなくてはいけません。 Il faut qu'on [**arriver**] à la gare avant onze heures.

2) あなたが明日出発できるように、TGV の チケットを買っておきました。 J'ai acheté un billet de TGV pour que vous [**pouvoir**] partir demain.

3) クリスティーヌは私が彼女を家まで送って いくことを望んでいます。 Christine veut que je l'[**accompagner**] chez elle.

4) 君が勇気を持つことが大切です。 Il est important que tu [**avoir**] du courage.

5) 私たちには彼がこの仕事で成功するとは 思えません。 Nous ne pensons pas qu'il [**réussir**] dans ce métier.

6) あなたは私に郵便局に一緒に行ってほしい ですか？ Voulez-vous que j'[**aller**] au bureau de poste avec vous ?

7) 彼女らが来る前に寝室を掃除しておきま しょう。 Nettoyons la chambre avant qu'elles ne [**venir**] s'installer.

8) 私たちは性格は違いますが、お互いとても 気が合います。 Bien que nos caractères [**être**] différents, nous nous entendons très bien.

2. 次の各文の意味が通るように下から適当な動詞を選び、それを接続法現在に活用させなさい。

例　**Tu n'as pas fait tes devoirs ?　Il faut que tu les (** *fasses* **) tout de suite.**

1) Je veux que tu (　　　　) chez le dentiste le plus tôt possible.

2) Il est important que nous (　　　　) d'écrire ce rapport avant mardi.

3) Il faut qu'elle (　　　) la permission à ses parents.

4) Je ne pense pas qu'il (　　　) occupé.

5) Ils n'achètent pas la maison bien qu'ils (　　　　) assez d'argent.

6) Pour que vous (　　　) à l'heure, vous devez partir à 5 heures.

[**aller / arriver / avoir / demander / être / faire / finir**]

Le français en situation — **Le téléphone 電話**

CD - no.34

電話での会話は覚えておくととても便利。自然にやりとりができるようになろう。

— Allô ? Qui est à l'appareil ?	もしもし、どちらさまですか？
— Bonsoir, Madame. Je m'appelle Junko Yamamoto. Pourrais-je parler à Madame Martin, s'il vous plaît ?	こんばんは。山本ジュンコといいます。マルタンさんとお話ししたいのですが。
— Ne quittez pas. Je vous la passe.	お待ちください。今かわります。
C'est de la part de qui ?	どちらさまですか？
Quel est votre nom, s'il vous plaît ?	お名前は何ですか？
Un instant, s'il vous plaît.	少々お待ちください。
— Hôtel Alésia. Bonjour.	もしもし、アレジアホテルです。
— Bonjour. Je voudrais parler à M. Tanaka, chambre 102.	もしもし、102 号室の田中さんをお願いします。
— Désolé mais ça ne répond pas. Voulez-vous lui laisser un message ?	申し訳ありませんが、お出になりません。ご伝言はありますか？
Quel est votre numéro de téléphone ?	お電話番号は何番ですか？
Je rappellerai tout à l'heure.	しばらくしたらかけ直します。
Est-ce que je peux lui laisser un message ?	伝言をお願いしてもいいですか？

une télécarte テレフォンカード   une cabine téléphonique 電話ボックス

LEÇON 12

Dialogue　Au restaurant

CD - no.35

Hiroshi	: Tu as choisi un restaurant sympathique aujourd'hui.
Laurent	: Écoute, je voulais venir ici pour te dire merci. Grâce à toi et à tes parents, mes vacances au Japon ont été fantastiques.
Hiroshi	: Je t'en prie. C'était amusant pour nous aussi. Mes parents ont dit que tu parlais bien japonais.
Laurent	: C'est vrai ? Mais quel compliment !
Hiroshi	: Ils demandent déjà si tu vas retourner au Japon l'été prochain.

tableau noir …直接話法と間接話法

CD - no.36

1) 直接話法から間接話法へ

人が話した言葉を引用するとき、話した内容を引用符でそのまま伝えるのが**直接話法**であり、文の中に組み込んでしまうのが(¹　　　　)である。次の例をもとに考えてみよう。

　　Paul me dit **:** «Je vais à Londres.»　……直接話法
　　（ポールは私に「僕はロンドンに行く」と言います。）
　　Paul me dit qu'il (²　　　　) à Londres.　……間接話法
　　（ポールは私に、ロンドンに行くのだと言います。）

間接話法では、ふつう**接続詞** (³　　　) を使って話した内容を導く。que は英語における say that の that に相当するが、フランス語では決してこれを省略することはできない。

* que はうしろが母音字または無音の h のとき (il(s), elle(s) など)、エリジョンして **qu'** となる。

* 動詞 **dire**「言う」の現在形と複合過去形の活用を練習しておこう。
　　（現在形）　……　je dis　　　　nous (⁴　　　) etc.
　　（複合過去形）　……　j'ai dit　　　nous avons dit etc.

2) 時制の一致

間接話法において、主文の動詞が「…と言った」のように過去形のとき、que 以下の動詞は時制の一致を受ける。話した内容が現在（つまり直接話法で引用符の中の動詞が現在形）のとき、動詞は (⁵　　　) 形に変わる。

　　　　Hélène m'a répondu : «Je travaille dans un restaurant.»
　→　Hélène m'a répondu qu'elle (⁶　　　) dans un restaurant.
　　　（エレーヌは私に、レストランで働いているのよと答えました。）

　＊ 話した内容が過去（つまり直接話法で動詞が過去形）のときは、間接話法における que 以下の動詞は「過去の過去」で大過去になる。

　　　　Je lui ai dit : «J'ai déjà fini mes courses.»
　　→　Je lui ai dit que j'(⁷　　　) déjà fini mes courses.
　　　　（私は彼に、もう買い物はすませたと言いました。）

また話した内容が未来（直接話法で動詞が単純未来）のときは、que 以下の動詞は条件法現在になる。
　　　　Masami a dit qu'elle serait à Paris en octobre.
　　　　（マサミは 10 月にはパリにいるだろうと言いました。）

3) 疑問文や命令文の間接話法

　a) 疑問文　疑問文を間接話法の文に組み込むには、もとの疑問文が疑問詞を使わない疑問文の場合は接続詞 (⁸　　　)（「…かどうか」・英語のif）を使って尋ねる内容を導く。

　　　　Il demande à Marie : «Tu as faim ?»
　→　Il demande à Marie si elle a faim.
　　　（彼はマリーにお腹がすいたかどうか尋ねます。）

　＊ si はうしろが il(s) のときのみ、s'il(s) とエリジョンする。

　また疑問詞を使う疑問文の場合は、その疑問詞を使って尋ねる内容を導く。

　＊ ただし「何を（に）」と尋ねる疑問文は (⁹　　　)、「何が」は ce qui を使う。

　　　　Il m'a demandé : «Où est-ce que vous allez ?»
　　→　Il m'a demandé où j'allais.（彼は私にどこに行くのか尋ねました。）
　　　　Je lui ai demandé ce qu'elle lisait.（私は彼女に何を読んでいるのか尋ねました。）

　b) 命令文　命令文を間接話法の文に変えるときは dire (demander) à 人 de 動詞の原形（「人に～するように言う(頼む)」）の構文を使う。

　　　　Jacques dit à Nathalie : «Attends !»
　　→　Jacques dit à Nathalie d'(¹⁰　　　).（ジャックはナタリーに待つように言いました。）
　　　　Elle m'a demandé de ne pas y aller.（彼女は私にそこに行かないように頼みました。）

exercices

1. 次の 1)～4) は直接話法を間接話法に変え、5)～7) は間接話法を直接話法にしなさい。

1) Je dis à Patrice : «Tu joues très bien au tennis.»

2) Elle m'a dit : «Je vais te chercher chez toi en voiture.»

3) Isabelle demande à Takashi : «Est-ce que tu es d'accord avec moi ?»

4) Vous m'avez dit : «Venez à mon bureau à 5h.»

5) Eddy m'a dit qu'il avait appris le japonais à l'université.

6) Le professeur m'a demandé ce que je voulais faire à l'avenir.

7) Madame Latour me dit d'attendre un moment dans cette salle.

2. (　　　) の中の言葉をもとに、間接話法を使ってそれぞれの質問に答えなさい。

　　例　**Qu'est-ce qu'il dit ?　(«Je n'aime pas le football.»)**
　　　　→ *Il dit qu'il n'aime pas le football.*

1) Qu'est-ce qu'elle dit ?　(«Il fait chaud.»)

2) Que demandent-ils ?　(«Où est la mairie ?»)

3) Et toi ?　Qu'est-ce que tu as répondu ?　(«Je suis d'accord.»)

4) Le policier vous a dit quoi ?　(«Attendez ici !»)

5) Damien lui a demandé quelque chose ?　(«Que faites-vous dans la vie ?»)

6) Qu'est-ce que vous lui avez demandé ?　(«Pouvez-vous m'aider ?»)

Le français en situation — **Le restaurant** レストラン

CD - no.37

レストランを予約するときの会話、料理を注文するときの会話を、自然に言えるまで練習してみよう。

— **Allô. Ici, le restaurant La Fourchette.**　　もしもし、こちらはレストラン「フルシェット」です。

— **Bonjour. Je voudrais réserver une table.**　こんにちは。予約したいのですが。

— **Merci. Pour combien de personnes ?**　　何名様ですか？

— **Pour trois personnes. Samedi soir, vers 8h30. C'est possible ?**　　3 人です。土曜日の晩、8 時 30 分頃は大丈夫ですか？

　Avez-vous réservé ?　　　　　　　　　　予約はされていますか？
　Vous êtes combien ? — On est quatre.　何名様ですか？— 4 人です。
　Je voudrais une table près de la fenêtre.　窓の近くのテーブルがいいのですが。
　Une table non-fumeurs, s'il vous plaît.　禁煙テーブルをお願いします。

— **Qu'est-ce que vous recommandez comme plat ?**　　おすすめの料理は何ですか？

— **Le homard breton sauce cayenne. Il est excellent.**　　ブルターニュ産オマール海老のカイエンヌ風ソースです。ぜひどうぞ。

— **D'accord. Deux homards et une bouteille de vin blanc, s'il vous plaît.**　　わかりました。ではオマール海老を二つと白ワインを一本ください。

　Quelles sont vos spécialités ?　　　ここの自慢料理は何ですか？
　Et comme boisson ?　　　　　　　飲み物は何になさいますか？
　L'addition, s'il vous plaît.　　　　お勘定をお願いします。
　Vous acceptez cette carte ?　　　このカードで払えますか？

l'entrée 前菜　　　　le plat 主菜　　　　le dessert デザート
le menu コースメニュー　　　　le plat du jour 本日のおすすめ料理
le vin rouge (blanc) 赤 (白) ワイン　　l'eau minérale ミネラルウォーター

LEÇON 13

Dialogue L'exposé

CD - no.38

Laurent : Hiroshi, qu'est-ce que tu regardes dans Wikipedia ?

Hiroshi : Je cherche des informations sur Gustave Eiffel. C'est pour un exposé.

Laurent : C'est l'ingénieur qui fit construire la tour Eiffel.

Hiroshi : Oui, mais je vois aussi qu'il participa à la construction de la statue de la Liberté, à New York.

Laurent : En effet. Ce fut une célébrité à son époque.

tableau noir …単純過去

CD - no.39

フランス語の過去形には複合過去、(¹   ) の他に**単純過去**と呼ばれる形がある。現在の話し言葉ではあまり用いられることはないが、**小説などの文章**では今でも普通に使われる。文章を読めるようになるためにも形は知っておこう。

1) 単純過去の用法

物語の中などで、「〜した」と過去の事実を説明的に述べるのに使われる。現在は日常会話で使われることはあまりない。文章の中で見分けて、**原形がわかれば基本的には十分**である。形の上では、三人称の場合、

-a, **-èrent**　　　　　　　（-er 動詞、aller の場合）
-ut, **-urent** / **-it**, **-irent**　（その他の動詞の場合）

などの語尾で見分けるといい。

Picasso me *regarda* dans les yeux.　　　< (²   )
（ピカソは私の目をじっと見つめた。）
L'un de ses cadeaux *fut* une boîte à musique.　< être
（彼の贈り物の一つはオルゴールであった。）

54

2) 単純過去の活用

次の二つのパターンに分けて考えるとわかりやすい。

a) 第一群規則動詞 (-er 形) および aller

-er 形の全ての動詞に共通するパターンで、aller も同じように活用する。

chanter の単純過去「歌った」

je chant**ai**	nous (⁴　　　　)
tu chant**as**	vous chant**âtes**
il (³　　　)	ils chant**èrent**
elle chant**a**	elles chant**èrent**

b) それ以外の動詞

第二群規則動詞 finir と、非常によく使われる être の単純過去形を見よう。

finir の単純過去「終えた」

je fin**is**	nous fin**îmes**
tu fin**is**	vous fin**îtes**
il fin**it**	ils (⁵　　　)
elle fin**it**	elles fin**irent**

être の単純過去「…だった」

je (⁶　　　)	nous f**ûmes**
tu f**us**	vous f**ûtes**
il f**ut**	ils fu**rent**
elle f**ut**	elles fu**rent**

上に太字で示した活用語尾は **-er 形以外**の全ての動詞に共通である。

他に次のようなものを知っておくとよい。よく使われる三人称で示す。

avoir	→	il/elle (⁷　　　)	ils/elles eurent
faire	→	il/elle **fit**	ils/elles firent
prendre	→	il/elle **prit**	ils/elles prirent
venir	→	il/elle (⁸　　　)	ils/elles vinrent

あとは文章で慣れ、何度も出会ったところで辞書で確かめていくようにしよう。

* 単純過去で示される動作の直前に行われた動作を表現するのに、**前過去**という形が用いられることがある。活用形は **[avoir または être の単純過去形] + 過去分詞** である。avoir と être の使い分けは複合過去のときと同じ。

Dès qu'elle *eut commencé* à chanter, ses amis l'applaudirent.
（彼女が歌い出すとすぐに、彼女の友人たちは拍手喝采した。）

 *exercices*

1. 下線をほどこした動詞の原形をそれぞれ書きなさい。

1) 私は彼女に会うために田舎の家に行った。 J'**allai** la voir dans sa maison de campagne.

2) その部屋の雰囲気はどちらかと言えば熱気に満ちていた。 L'atmosphère de la salle **fut** plutôt chaleureuse.

3) 彼女は私に好奇心に満ちた眼差しを向けた。 Elle me **jeta** un regard plein de curiosité.

4) 私たちはいくらか言葉を交わした。 Nous **échangeâmes** quelques paroles.

5) 彼らはパリとリールの間の道を徒歩で歩き通した。 Ils **firent** toute la route entre Paris et Lille à pied.

6) その男は怒りで真っ赤になった。 L'homme **devint** tout rouge de colère.

7) 私は誰にでも愛想よくすることをすぐに学んだ。 J'**appris** vite à être aimable vis-à-vis de tout le monde.

8) その紙の上に、老人は鉛筆で何人かの人物を描いた。 Sur le papier, le vieil homme **dessina** au crayon plusieurs personnages.

2. 次の文章で〔　〕の中の動詞をそれぞれ単純過去形に活用させて書きなさい。

例　**Il [passer] son enfance en Italie et en Espagne.** → *passa*

1) Les Beatles [**venir**] chanter au Japon en 1966.

2) Il y [**avoir**] un mystérieux coup de feu et des bruits de pas rapides.

3) La cathédrale Notre-Dame de Paris [**être**] construite sur deux siècles.

4) Vous [**faire**] un signe de la main et partîtes sans vous retourner.

5) Le chevalier [**monter**] sur son cheval blanc pour engager la bataille.

6) En 1871, la mission japonaise IWAKURA [**aller**] d'abord aux États-Unis.

Le français en situation — Écrire une lettre 手紙を書く

CD - no.40

フランス語で手紙を書くには、いくつかの規則がある。モデルを参考にしながら、手紙や e メールを書いてみよう。

Kyoto, le 9 avril 2012

Cher Monsieur Toubon,

Comment allez-vous ? Pardonnez-moi mon silence. Depuis que je suis rentré au Japon, j'ai été très occupé.

Je voudrais vous remercier pour votre gentillesse pendant mon séjour en France. Grâce à vous, j'ai beaucoup appris sur la culture française.

Veuillez agréer, cher Monsieur Toubon, l'expression de mes sentiments respectueux.

Hiroshi

[トゥーボン先生　お元気ですか。ご無沙汰しておりましたことお許しください。日本に戻ってからずっととても忙しくしておりました。私のフランス滞在の間親切にしてくださったことを感謝しております。先生のおかげでフランス文化について多くのことを学ぶことができました。ありがとうございます。　　ヒロシ]

Monsieur, / Madame, / etc. 　　　　　　　　　　（ていねいな書き出し）
Cher Monsieur, / Chère Madame, / etc. 　　　　（面識のある相手への書き出し）
Veuillez agréer (Je vous prie de recevoir) […] l'expression de mes sentiments respectueux (distingués / les meilleurs) 　　　（手紙の結びの句）

Kyoto, le 9 avril 2012

Cher Pierre,
Comment vas-tu ? Je suis bien rentré au Japon mais j'ai vite été débordé par le travail. En tout cas, un grand merci du fond du cœur pour tout ce que tu as fait pour moi. Remets mon bonjour à tes parents et à Jacqueline.
Amicalement, Hiroshi

[ピエールへ　元気にしてるかい？　僕は無事日本に戻ったけど、それからはいきなり仕事で手一杯になっています。とにかく君が僕のためにしてくれたことには心からお礼を言います。お父さん、お母さんとジャクリーヌによろしく。友情をこめて、ヒロシより]

Amicalement = Cordialement = Bien à vous (toi) 　　（親しい相手への結びの句）
Toutes mes félicitations pour ... 　　　　　　　　…のことでおめでとう。
Bon Anniversaire ! 　　　　　　　　　　　　　　お誕生日おめでとう！

Lecture　　Les Restaurants du Cœur

CD - no.41

Avec l'arrivée de l'hiver, les nuits deviennent glaciales et les plus pauvres ne parviennent plus à se nourrir ni à se protéger contre le froid.

En France, l'association la plus célèbre qui tente de les aider est certainement "les Restos du Cœur". Son activité principale est de distribuer des repas chauds gratuits aux personnes dans le besoin, en particulier à cette époque dure de l'année. Les SDF peuvent également trouver un abri temporaire dans des logements mis à leur disposition.

Cette association fut fondée en 1985 par Coluche, humoriste et acteur très apprécié des Français. Malheureusement, celui-ci est mort dans un accident un an plus tard, mais sa volonté de secourir les sans-abri a été relayée par des personnes dévouées. Aujourd'hui, vingt-cinq ans plus tard, la France compte 2000 centres où 800 000 personnes reçoivent environ 100 millions de repas.

Comment fonctionnent les Restos du Cœur ? 40% des fonds provient des dons d'argent du public, et certains offrent même des aliments. D'autre part, 20% du financement est fourni par la vente des billets de concert, des CD et des DVD des *Enfoirés*. C'est un groupe de chanteurs et d'artistes qui se produisent sur scène pour sensibiliser le public au problème de la faim.

tableau noir …読解練習（2）　心のレストラン

　フランスでも貧困の問題は深刻で、毎年冬が来ると多くのホームレスが厳しい生活を強いられ、時には命の危険にさらされる。国民的コメディアンであったコリューシュが始めた「心のレストラン」は、これらの人々に温かい食事を提供しようという試みであり、彼の遺志は受け継がれて今やフランスだけではなくヨーロッパに広がった。歌手やアーティストたちのコンサート活動にも毎年大きな反響がある。

 exercices

1. 次のそれぞれの文について、本文の意味に合っているものには V (Vrai)、合っていないものには F (Faux) を、(　　) の中に書き入れなさい。

1. (　　) L'association *les Restos du Cœur* est bien connue en France.

2. (　　) Le fondateur de l'association, Coluche, est un grand homme politique.

3. (　　) Depuis vingt-cinq ans, Coluche dirige les activités de l'association.

4. (　　) Les recettes d'un groupe de chanteurs apportent 20% du financement de l'association.

5. (　　) Le message des *Enfoirés* est de lutter contre la corruption.

2. 次の質問に対して、フランス語で答えなさい。

1. Quelle est la mission des *Restos du Cœur* ?

2. Que s'est-il passé après la mort de Coluche en 1986 ?

3. D'où proviennent les fonds de l'association ?

付録 Appendice

1. 数字の言い方──まとめ CD - no.42

1	un / une	16	seize	81	quatre-vingt-un
2	deux	17	dix-sept	82	quatre-vingt-deux
3	trois	18	dix-huit	90	quatre-vingt-dix
4	quatre	19	dix-neuf	91	quatre-vingt-onze
5	cinq	20	vingt	99	quatre-vingt-dix-neuf
6	six	21	vingt et un	100	cent
7	sept	22	vingt-deux	101	cent un
8	huit	30	trente	200	deux cents
9	neuf	40	quarante	201	deux cent un
10	dix	50	cinquante	1000	mille
11	onze	60	soixante	2000	deux mille
12	douze	70	soixante-dix	2005	deux mille cinq
13	treize	71	soixante et onze	10 000	dix mille
14	quatorze	72	soixante-douze	100 000	cent mille
15	quinze	80	quatre-vingts	1 000 000	un million

◇ 「順序」を表す言い方 CD - no.43

1番目(の)、最初の	premier, première		
2番目(の)	deuxième / second(e)		
3番目(の)	troisième	9番目(の)	neuvième
4番目(の)	quatrième	10番目(の)	dixième
5番目(の)	cinquième	11番目(の)	onzième
6番目(の)	sixième	......	
7番目(の)	septième	20番目(の)	vingtième
8番目(の)	huitième	21番目(の)	vingt et unième

60

2. 文法補足

* これまで扱えなかったいくつかの文法項目について説明する。

1) 所有代名詞　CD - no.44

「〜のもの」という、所有の意味を含む代名詞のことを**所有代名詞**という。この代名詞は指し示すものの性・数によって形が変化する。またつねに**定冠詞**とともに用いられ、男性単数には **le**、女性単数には **la**、複数には **les** がつく。所有代名詞の変化の仕方は次の通り。

	男性単数	女性単数	男性複数	女性複数
私のもの	le mien	la mienne	les miens	les miennes
君のもの	le tien	la tienne	les tiens	les tiennes
彼/彼女のもの	le sien	la sienne	les siens	les siennes
私たちのもの	le nôtre	la nôtre	les nôtres	
あなた(たち)のもの	le vôtre	la vôtre	les vôtres	
彼ら/彼女らのもの	le leur	la leur	les leurs	

以下の例文で所有代名詞の使い方を見ておこう。

Notre voiture n'est pas aussi grande que *la sienne*.
（私たちの自動車は彼の自動車ほど大きくありません。）

Voilà mes propositions ; dites-moi maintenant *les vôtres*.
（これが私の考えです。今度はあなたの考えを言ってください。）

2) 前置詞を伴う関係代名詞　CD - no.45

関係代名詞が前置詞に導かれる場合がある。このような関係代名詞を、性・数の変化をするものとしないものに分けて見ていこう。

a) 性・数の変化をするもの

これは定冠詞に quel あるいはその変化形がついたもので、ふつう物を先行詞とする。先行詞の性・数により次のように変化する。

男性単数… lequel　女性単数… laquelle　男性複数… lesquels　女性複数… lesquelles

C'est l'appareil *avec lequel* le photographe a pris ses meilleures photos.
（これはその写真家が彼の最も優れた写真を撮ったカメラです。）

* lequel, lesquels, lesquelles は、前置詞 **à** に導かれると、縮約形の **auquel, auxquels, auxquelles** になり、前置詞 **de** に導かれると **duquel, desquels, desquelles** の形になる。

Les modèles *auxquels* ils se sont intéressés étaient allemands.
（彼らが関心を示したモデルはドイツ製でした。）

* lequel, laquelle, lesquels, lesquelles は、「どれが（を）…ですか？」と選択を示す疑問代名詞としても用いられる。英語の which に相当する。

Il y a plusieurs robes ici. *Laquelle* préférez-vous ?
（ここに何着かのドレスがあります。どれがお好みですか？）

b) 性・数の変化をしないもの

前置詞を伴い、先行詞の性・数によって変化しない関係代名詞には、人を先行詞とする **qui** と、漠然とした事柄や物を先行詞とする **quoi** がある。

M. Perrin est une personne *à qui* vous pouvez faire confiance.
（ペランさんはあなたが信頼してもいい人物です。）

Vous avez dit justement ce *à quoi* je pensais.
（あなたはまさに私の考えていたことを言ってくださいました。）

3) 接続法半過去　CD - no.46

接続法を用いる構文（→p. 46）で、que 以下を導く**主節の動詞**が**過去形**（あるいは**条件法**）になると、que のうしろの動詞は接続法半過去という形になる。ただし現在では文章で用いられるだけで、話し言葉では接続法現在で代用する。接続法半過去の活用は次の通り。

parler の接続法半過去

je parla**sse**	nous parla**ssions**
tu parla**sses**	vous parla**ssiez**
il parlâ**t**	ils parla**ssent**
elle parlâ**t**	elles parla**ssent**

上に太字で示した語尾は全ての動詞に共通。接続法半過去の活用は、単純過去の語幹とこの語尾により作られる。三人称単数のアクサン・シルコンフレックスに注意。

* -er 形以外の主な動詞の接続法半過去形を挙げておこう。

finir	→	je **finisse**	nous finissions
être	→	je **fusse**	nous fussions
avoir	→	j'**eusse**	nous eussions
faire	→	je **fisse**	nous fissions
venir	→	je **vinsse**	nous vinssions

Il fallait absolument *que* le président *parlât* devant le public.
（大統領が大衆の前で話すことがぜひとも必要だった。）

Ma mère *voulut que* je *vinsse* la voir au moins une fois par mois.
（私の母は私が少なくとも月一回は彼女に会いに来ることを望んだ。）

* 接続法半過去の複合時制として**接続法大過去**（**[avoir / être の接続法半過去形]** ＋過去分詞）がある。ここでは例文だけをあげておく。

Bien qu'elle ne *fût* pas *arrivée*, ils commencèrent la discussion.
（彼女はまだ来ていなかったが、彼らは議論を始めた。）

フランス語・主な動詞の意味と活用

☆ 覚えておきたい基本動詞 55

日常生活でフランス語を使いこなすために、次の動詞を意味・活用ともに知っておこう。
動詞の前の番号は、あとの活用表の番号に対応している。

1. **être**（ある、いる）   *être au Japon / en France* 日本に / フランスにいる
   avoir（持っている）   *avoir une voiture* 自動車を持っている

       avoir faim お腹がすいた   *avoir soif* のどが渇いた

       avoir ... ans …歳である   *il y a ...* …がある

2. 1) **parler**（話す）   *parler français / anglais* フランス語を / 英語を話す
   chanter（歌う）   *chanter une chanson* 歌を歌う
   chercher（さがす）   *chercher un appartement* アパートを探す
   demander（尋ねる、頼む）   *demander si ...* …かどうか尋ねる
   donner（与える）   *donner un cadeau* プレゼントをあげる
   jouer（遊ぶ）   *jouer au football* サッカーをする

       jouer du piano ピアノを弾く

   penser（思う）   *penser que ...* …と思う
   regarder（見る）   *regarder la télé(vision)* テレビを見る
   travailler（働く）   *travailler dans un café* カフェで働く
   trouver（見つける）   *trouver un travail* 仕事を見つける

   2) **aimer**（好む、愛する）   *aimer le cinéma* 映画が好きだ
   arriver（着く）   *arriver à Osaka* 大阪に着く
   écouter（聞く）   *écouter la radio* ラジオを聴く
   étudier（勉強する）   *étudier le français* フランス語を勉強する
   habiter（住む）   *habiter à Paris* パリに住む
   utiliser（使う）   *utiliser la voiture* 自動車を使う

   3) **acheter**（買う）   *acheter un billet* 切符を買う
   préférer（より好む）   *préférer le café au thé* 紅茶よりコーヒーを好む
   commencer（始める）   *commencer à travailler* 働き始める
   manger（食べる）   *manger un sandwich* サンドイッチを食べる
   voyager（旅行する）   *voyager en Angleterre* イギリスを旅行する
   appeler（呼ぶ）   *appeler la police* 警察を呼ぶ
   essayer（試みる）   *essayer de comprendre* 理解しようとする
   payer（払う）   *payer vingt euros* 20ユーロ払う

3. 1) **aller**（行く）   *aller à Tokyo*   東京に行く

   2) **venir**（来る）   *venir de Rome*   ローマから来る

     devenir（なる）   *devenir riche*   金持ちになる

     revenir（戻る）   *revenir au Japon*   日本に戻る

4.   **faire**（する、作る）   *faire ses devoirs*   宿題をする

                 faire des courses   買い物をする

                 faire des études sur...   …の研究をする

     dire（言う）   *dire que ...*   …と言う

5. 1) **prendre**（取る）   *prendre le train*   電車に乗る

     apprendre（習う）   *apprendre les mathématiques*   数学を習う

     comprendre（理解する）   *comprendre l'anglais*   英語を理解する

   2) **attendre**（待つ）   *attendre un ami*   友だちを待つ

     entendre（聞く）   *entendre des bruits*   物音が聞こえる

     répondre（答える）   *répondre à des questions*   質問に答える

   3) **mettre**（置く）   *mettre le livre sur la table*   本をテーブルに置く

6. 1) **finir**（終える）   *finir de manger*   食べ終える

     choisir（選ぶ）   *choisir un dessert*   デザートを選ぶ

     réussir（成功する）   *réussir l'examen*   試験に通る

   2) **partir**（出発する）   *partir en France*   フランスに出発する

     sortir（外出する）   *sortir de la salle*   部屋から出る

     dormir（眠る）   *dormir bien*   よく眠る

     servir（給仕する、出す）   *servir le café*   コーヒーを出す

7.   **vouloir**（ほしい、したい）   *vouloir dormir*   眠りたい

     pouvoir（できる）   *pouvoir venir*   来ることができる

8.   **voir**（見る）   *voir un film*   映画を見る

     savoir（（事実を）知っている）   *savoir que ...*   …と知っている

     devoir（ねばならない）   *devoir partir*   出発せねばならない

9.   **croire**（信じる、思う）   *croire que ...*   …と思う

     connaître（（人・物を）知っている）   *connaître la Chine*   中国を知っている

     écrire（書く）   *écrire une lettre*   手紙を書く

     lire（読む）   *lire un livre*   本を読む

1. être と avoir

1) être（…である、いる、ある）

je **suis**	nous **sommes**
tu **es**	vous **êtes**
il **est**	ils **sont**
elle est	elles sont

複合過去	— j'ai **été**	nous avons été
単純未来	— je **serai**	nous serons
半過去	— j'**étais**	nous étions
単純過去	— je **fus**	nous fûmes
条件法現在	— je **serais**	nous serions
接続法現在	— je **sois**	nous **soyons**
現在分詞 — **étant**	/	過去分詞 — **été**

2) avoir（持っている）

j'ai	nous **avons**
tu **as**	vous **avez**
il **a**	ils **ont**
elle a	elles ont

複合過去	— j'ai **eu**	nous avons eu
単純未来	— j'**aurai**	nous aurons
半過去	— j'**avais**	nous avions
単純過去	— j'**eus**	nous eûmes
条件法現在	— j'**aurais**	nous aurions
接続法現在	— j'**aie**	nous **ayons**
現在分詞 — **ayant**	/	過去分詞 — **eu**

2. -er 形の動詞（第一群規則動詞）

1) parler（話す）

je parl**e**	nous parl**ons**
tu parl**es**	vous parl**ez**
il parl**e**	ils parl**ent**
elle parle	elles parlent

2) **aimer**（好む、愛する）　＊母音字または無音の **h** で始まる動詞

j'**aime**	nous aim**ons**
tu aim**es**	vous aim**ez**
il aim**e**	ils aim**ent**
elle aime	elles aiment

3) **変則的な活用をする -er 形動詞**

　　a) アクサンがつくか、アクサンの向きが変わるもの

acheter（買う）	—	j'ach**è**te	nous achetons
	—	tu ach**è**tes	vous achetez
	—	il/elle ach**è**te	ils/elles ach**è**tent
préférer（をより好む）	—	je préf**è**re	nous préf**é**rons
	—	tu préf**è**res	vous préf**é**rez
	—	il/elle préf**è**re	ils/elles préf**è**rent

　　b) **nous** だけ活用が異なるもの

manger（食べる）	—	je mange	nous mang**e**ons
	—	tu manges	vous mangez
	—	il/elle mange	ils/elles mangent
commencer（始める）	—	je commence	nous commen**ç**ons
	—	tu commences	vous commencez
	—	il/elle commence	ils/elles commencent

　　c) 子音を重ねるもの

appeler（呼ぶ）	—	j'appe**ll**e	nous appelons
	—	tu appe**ll**es	vous appelez
	—	il/elle appe**ll**e	ils/elles appe**ll**ent

　　d) **y** が **i** に変わるもの

essayer（試みる）	—	j'essa**i**e	nous essayons
	—	tu essa**i**es	vous essayez
	—	il/elle essa**i**e	ils/elles essa**i**ent
payer（払う）	—	je pa**i**e	nous payons
	—	tu pa**i**es	vous payez
	—	il/elle pa**i**e	ils/elles pa**i**ent

　　＊ j'essaye, je paye と活用することもある。

◇ **parler**（話す）の直説法現在以外の主な活用

複合過去 「話した」	—	j'**ai parlé**	nous avons parlé
		tu as parlé	vous avez parlé
		il a parlé	ils ont parlé
		elle a parlé	elles ont parlé

単純未来 「話すだろう」	—	je parle**rai**	nous parle**rons**
		tu parle**ras**	vous parle**rez**
		il parle**ra**	ils parle**ront**
		elle parlera	elles parleront

半過去 「話していた」	—	je parl**ais**	nous parl**ions**
		tu parl**ais**	vous parl**iez**
		il parl**ait**	ils parl**aient**
		elle parlait	elles parlaient

単純過去 「話した」	—	je parl**ai**	nous parl**âmes**
		tu parl**as**	vous parl**âtes**
		il parl**a**	ils parl**èrent**
		elle parla	elles parlèrent

条件法現在 「話すだろうに」	—	je parle**rais**	nous parle**rions**
		tu parle**rais**	vous parle**riez**
		il parle**rait**	ils parle**raient**
		elle parlerait	elles parleraient

接続法現在 「話す(こと)」	—	je parl**e**	nous parl**ions**
		tu parl**es**	vous parl**iez**
		il parl**e**	ils parl**ent**
		elle parle	elles parlent

現在分詞 — parl**ant** /　　過去分詞 — parl**é**

3. aller と venir

1) aller（行く）

je **vais**	nous **allons**
tu **vas**	vous **allez**
il **va**	ils **vont**
elle va	elles vont

* 近接未来　**aller + 原形**　〜するところだ、〜するつもりだ

複合過去	— je suis allé(e)	nous sommes allé(e)s
単純未来	— j'**irai**	nous irons
半過去	— j'allais	nous allions
単純過去	— j'allai	nous allâmes
条件法現在	— j'**irais**	nous irions
接続法現在	— j'**aille**	nous **allions**
現在分詞 — allant	/	過去分詞 — allé

2) venir（来る）

je **viens**	nous **venons**
tu viens	vous **venez**
il vient	ils **viennent**
elle vient	elles viennent

* 近接過去　**venir de + 原形**　〜したところだ
* **devenir**（なる）、**revenir**（戻る）なども同じ活用パターン。

複合過去	— je suis **venu**(e)	nous sommes venu(e)s
単純未来	— je **viendrai**	nous viendrons
半過去	— je **venais**	nous venions
単純過去	— je **vins**	nous vînmes
条件法現在	— je **viendrais**	nous viendrions
接続法現在	— je **vienne**	nous **venions**
現在分詞 — **venant**	/	過去分詞 — **venu**

4. faire と dire

1) faire（する、作る）

je **fais**	nous **faisons**
tu fai**s**	vous **faites**
il fai**t**	ils **font**
elle fait	elles font

複合過去	— j'ai **fait**	nous avons fait
単純未来	— je **ferai**	nous ferons
半過去	— je **faisais**	nous faisions
単純過去	— je **fis**	nous fîmes
条件法現在	— je **ferais**	nous ferions
接続法現在	— je **fasse**	nous fassions

現在分詞 — **faisant** / 過去分詞 — **fait**

2) dire（言う）

je **dis**	nous **disons**
tu di**s**	vous **dites**
il di**t**	ils **disent**
elle dit	elles disent

複合過去	— j'ai **dit**	nous avons dit
単純未来	— je dirai	nous dirons
半過去	— je **disais**	nous disions
単純過去	— je **dis**	nous dîmes
条件法現在	— je dirais	nous dirions
接続法現在	— je **dise**	nous disions

現在分詞 — **disant** / 過去分詞 — **dit**

5. prendre, attendre など

1) prendre（取る）

je **prends**	nous **prenons**
tu prend**s**	vous pre**nez**
il prend	ils **prennent**
elle prend	elles prennent

* **apprendre**（習う）、**comprendre**（理解する）なども同じ活用パターン。

複合過去	—	j'ai **pris**	nous avons pris
単純未来	—	je prendrai	nous prendrons
半過去	—	je **prenais**	nous prenions
単純過去	—	je **pris**	nous prîmes
条件法現在	—	je prendrais	nous prendrions
接続法現在	—	je **prenne**	nous **prenions**

現在分詞 — **prenant** / 過去分詞 — **pris**

2) **attendre**（待つ）

j'**attends**	nous **attendons**
tu attend**s**	vous atten**dez**
il attend	ils atten**dent**
elle attend	elles attendent

* 同じパターンの動詞に **entendre**（聞く）、**répondre**（答える）などがある。

複合過去	—	j'ai **attendu**	nous avons attendu
単純未来	—	j'attendrai	nous attendrons
半過去	—	j'attendais	nous attendions
単純過去	—	j'**attendis**	nous attendîmes
条件法現在	—	j'attendrais	nous attendrions
接続法現在	—	j'**attende**	nous attendions

現在分詞 — attendant / 過去分詞 — **attendu**

3) **mettre**（置く）

je **mets**	nous **mettons**
tu met**s**	vous met**tez**
il met	ils met**tent**
elle met	elles mettent

複合過去	—	j'ai **mis**	nous **avons mis**
単純未来	—	je mettrai	nous mettrons
半過去	—	je mettais	nous mettions
単純過去	—	je **mis**	nous mîmes
条件法現在	—	je mettrais	nous mettrions
接続法現在	—	je **mette**	nous mettions

現在分詞 — mettant / 過去分詞 — **mis**

6. -ir 形の動詞（第二群規則動詞ほか）

1）**finir**（終える）

je fin**is**	nous fin**issons**
tu fin**is**	vous fin**issez**
il fin**it**	ils fin**issent**
elle finit	elles finissent

* 同じパターンの動詞に **choisir**（選ぶ）、**réussir**（成功する）、**grandir**（大きくなる）などがある。

複合過去	— j'ai fin**i**	nous avons fini
単純未来	— je fin**irai**	nous finirons
半過去	— je fin**issais**	nous finissions
単純過去	— je fin**is**	nous finîmes
条件法現在	— je fin**irais**	nous finirions
接続法現在	— je fin**isse**	nous finissions
現在分詞 — fin**issant** /	過去分詞 — fin**i**	

2）**partir**（出発する）

je par**s**	nous par**tons**
tu par**s**	vous par**tez**
il par**t**	ils par**tent**
elle part	elles partent

sortir（外出する）

je sor**s**	nous sor**tons**
tu sor**s**	vous sor**tez**
il sor**t**	ils sor**tent**
elle sort	elles sortent

* 以下同じパターンなので、partir の活用のみ示す。他に dormir（眠る）、servir（仕える、出す）なども同様の活用をする。

複合過去	— je suis parti(e)	nous sommes parti(e)s
単純未来	— je partirai	nous partirons
半過去	— je **partais**	nous partions
単純過去	— je partis	nous partîmes
条件法現在	— je partirais	nous partirions
接続法現在	— je **parte**	nous partions
現在分詞 — **partant** /	過去分詞 — parti	

7. vouloir と pouvoir

1) vouloir （したい、ほしい）

je **veux**	nous **voulons**
tu veu**x**	vous vou**lez**
il veu**t**	ils **veulent**
elle veut	elles veulent

* **Je voudrais...** 　　　…したいのですが、…がほしいのですが。
　 Voulez-vous... ? 　　…していただけますか？

複合過去	— j'ai **voulu**	nous avons voulu
単純未来	— je **voudrai**	nous voudrons
半過去	— je **voulais**	nous voulions
単純過去	— je **voulus**	nous voulûmes
条件法現在	— je **voudrais**	nous voudrions
接続法現在	— je **veuille**	nous **voulions**

現在分詞 — **voulant** 　　/ 　　過去分詞 — **voulu**

2) pouvoir （できる）

je **peux**	nous **pouvons**
tu peu**x**	vous pou**vez**
il peu**t**	ils **peuvent**
elle peut	elles peuvent

* **(Est-ce que) je peux... ?** 　…してもいいですか？
　 Pouvez-vous... ? 　　…していただけますか？

複合過去	— j'ai **pu**	nous avons pu
単純未来	— je **pourrai**	nous pourrons
半過去	— je **pouvais**	nous pouvions
単純過去	— je **pus**	nous pûmes
条件法現在	— je **pourrais**	nous pourrions
接続法現在	— je **puisse**	nous puissions

現在分詞 — **pouvant** 　　/ 　　過去分詞 — **pu**

8. voir, savoir, devoir

1) voir（見る）

je **vois**	nous voyons
tu voi**s**	vous vo**y**ez
il voi**t**	ils **voient**
elle voit	elles voient

複合過去	—	j'ai **vu**	nous avons vu
単純未来	—	je **verrai**	nous verrons
半過去	—	je **voyais**	nous voyions
単純過去	—	je **vis**	nous vîmes
条件法現在	—	je **verrais**	nous verrions
接続法現在	—	je **voie**	nous **voyions**

現在分詞 — **voyant** / 過去分詞 — **vu**

2) savoir（知っている）

je **sais**	nous **savons**
tu sai**s**	vous sa**vez**
il sai**t**	ils sa**vent**
elle sait	elles savent

複合過去	—	j'ai **su**	nous avons su
単純未来	—	je **saurai**	nous saurons
半過去	—	je **savais**	nous savions
単純過去	—	je **sus**	nous sûmes
条件法現在	—	je **saurais**	nous saurions
接続法現在	—	je **sache**	nous sachions

現在分詞 — **sachant** / 過去分詞 — **su**

3) devoir（ねばならない、ちがいない）

je **dois**	nous **devons**
tu doi**s**	vous de**vez**
il doi**t**	ils **doivent**
elle doit	elles doivent

複合過去	— j'ai **dû**	nous avons dû
単純未来	— je **devrai**	nous devrons
半過去	— je **devais**	nous devions
単純過去	— je **dus**	nous dûmes
条件法現在	— je **devrais**	nous devrions
接続法現在	— je **doive**	nous **devions**

現在分詞 — **devant** / 過去分詞 — **dû** (due, dus, dues)

9. croire, connaître, écrire, lire

1) croire （信じる、思う）

je **crois**	nous **croyons**
tu croi**s**	vous cro**yez**
il croi**t**	ils **croient**
elle croit	elles croient

複合過去	— j'ai **cru**	nous avons cru
単純未来	— je **croirai**	nous croirons
半過去	— je **croyais**	nous croyions
単純過去	— je **crus**	nous crûmes
条件法現在	— je **croirais**	nous croirions
接続法現在	— je **croie**	nous **croyions**

現在分詞 — **croyant** / 過去分詞 — **cru**

2) connaître （知っている）

je **connais**	nous **connaissons**
tu connai**s**	vous connai**ssez**
il connaî**t**	ils connai**ssent**
elle connaît	elles connaissent

* **connaître** は人や物を知っている、**savoir** は事実などを知っていることを言う。

複合過去	— j'ai **connu**	nous avons connu
単純未来	— je **connaîtrai**	nous connaîtrons
半過去	— je **connaissais**	nous connaissions
単純過去	— je **connus**	nous connûmes
条件法現在	— je **connaîtrais**	nous connaîtrions
接続法現在	— je **connaisse**	nous connaissions

現在分詞 — **connaissant** / 過去分詞 — **connu**

3）**écrire**（書く）

j'**écris**	nous **écrivons**
tu écri**s**	vous écri**vez**
il écri**t**	ils écri**vent**
elle écrit	elles écrivent

複合過去	—	j'ai **écrit**	nous avons écrit
単純未来	—	j'écrirai	nous écrirons
半過去	—	j'**écrivais**	nous écrivions
単純過去	—	j'**écrivis**	nous écrivîmes
条件法現在	—	j'écrirais	nous écririons
接続法現在	—	j'écrive	nous écrivions

現在分詞 — **écrivant** / 過去分詞 — **écrit**

4）**lire**（読む）

je **lis**	nous **lisons**
tu li**s**	vous li**sez**
il li**t**	ils li**sent**
elle lit	elles lisent

複合過去	—	j'ai **lu**	nous avons lu
単純未来	—	je lirai	nous lirons
半過去	—	je **lisais**	nous lisions
単純過去	—	je **lus**	nous lûmes
条件法現在	—	je lirais	nous lirions
接続法現在	—	je **lise**	nous lisions

現在分詞 — **lisant** / 過去分詞 — **lu**

音声はこちら

https://text.asahipress.com/free/french/quotidien2/

カジュアルにフランス語2 ―改訂版―

検印省略	2011 年 1 月 14 日　　初　版　発行
	2017 年 1 月 30 日　　第 6 刷　発行
	2024 年 3 月 1 日　改訂初版　発行

著　者　　　　　　　沼　田　五十六
　　　　　　　　　　松　村　博　史
　　　　　　　　　　米　谷　巍　洋
　　　　　　　　　バンドロム　エディ
発行者　　　　　　　原　　雅　久
発行所　　　　株式会社 朝 日 出 版 社
　　　　　〒 101-0065 東京都千代田区西神田 3-3-5
　　　　　　　電話 (03) 3239-0271・72 (直通)
　　　　　　　振替口座　東京　00140-2-46008
　　　　　　　　　　　　（株）欧友社